# HISTOIRE DU MONDE
# EN NEUF GUITARES

DU MÊME AUTEUR

*Loyola's Blues*, roman, Éditions du Seuil, 1974 ; coll. « Points ».

*La vie comme à Lausanne*, roman, Éditions du Seuil, 1977 ; coll. « Points », prix Roger-Nimier.

*Une comédie française*, roman, Éditions du Seuil, 1980 ; coll. « Points ».

*Ville d'eau*, en collaboration avec Jean-Marc Terrasse, Ramsay, 1981

*L'Exposition coloniale*, roman, Éditions du Seuil, 1988 ; coll. « Points », prix Goncourt.

*Besoin d'Afrique*, en collaboration avec Éric Fottorino et Christophe Guillemin, Fayard, 1992 ; LGF.

*Grand amour*, roman, Éditions du Seuil, 1993 ; coll. « Points ».

*Rochefort et la Corderie royale*, photographies d'Eddie Kuligowsski, Paris, CNMHS, 1995.

*Mésaventures du Paradis*, mélodie cubaine, photographies de Bernard Matussière, Éditions du Seuil. 1996

*Deux étés*, roman, Fayard, 1997 ; LGF

*Longtemps*, roman, Fayard, 1998 ; LGF

*Portrait d'un homme heureux, André Le Nôtre*, Fayard, 2000.

*La grammaire est une chanson douce*, Stock, 2001 ; LGF.

*Madame Bâ*, roman, Fayard/Stock, 2003.

Erik ORSENNA
accompagné par
Thierry ARNOULT

# Histoire du monde en neuf guitares

Fayard

# Avertissement

Thierry Arnoult est mon frère. Médecin psychiatre et mélomane, élève de Raúl Maldonado (compositeur et guitariste argentin). Grâce à lui, la guitare accompagna mon enfance. À travers le mur des plus mince qui séparait nos deux chambres, j'entendais, mille fois répétées, des études de Fernando Sor, un certain prélude de Bach, la transcription de la chère cinquième Bachiana *Brasileira* de Villa-Lobos.

Ses héros virtuoses, je les avais adoptés : Andrés Segovia, John Williams et Julian Bream, sans oublier le couple légendaire Ida Presti-Alexandre Lagoya.

Et chaque dimanche, vers six heures, nous écoutions religieusement la voix douce, un peu triste et précise d'un certain Robert J. Vidal. Il donnait les dernières nouvelles du "Concours international de guitare", une épreuve qu'il avait créée et dont le premier prix était convoité par tous les plus grands jeunes guitaristes du moment. D'éliminatoires en demi-finale, ce mystérieux tournoi semblait ne jamais devoir finir. Comme la jeunesse.

E. O.

P.S. Ce conte a été publié pour la première fois en 1996. Le livre était épuisé. Nous avons profité de la réédition pour ajouter à l'histoire quelques voyages et révéler certains savoirs d'habitude gardés secrets par les amateurs de guitare.

*– Je vous la rapporte.*

*– Et pourquoi donc… ?*

*La voix du luthier, aiguë et grêle comme celle de tous les vieillards, vibrait de colère.*

*– Vous l'avez cassée ? C'est fragile, une guitare, figurez-vous ! Il faut prendre soin d'elle.*

*Le luthier la tournait et retournait en tous sens. Avec des gestes d'une douceur bouleversante, des sortes de caresses…*

*– Je ne vois rien. Où est la blessure ?*

*Il y a des jeunes hommes de haute taille si fragiles qu'on les dirait faits de verre. Le visiteur était l'un d'eux. Timide, si timide… Jamais, en poussant la porte, il n'aurait imaginé qu'une telle violence l'attendait dans une si petite boutique. Il aurait voulu fuir. Trop tard. Une force le retenait prisonnier. Il jetait autour de lui des regards apeurés. Le plus grand désordre régnait : des feuilles de bois appuyées contre les murs ; des guirlandes de croquis graisseux : ils descendaient des poutres du plafond, accrochés à des ficelles par des pinces à linge ; toutes sortes de scies, un peuple de tenailles, une forêt de pinceaux et, surtout, des coques, une dizaine de coques ouvertes, comme celles de bateaux en construction mais des bateaux réduits, des bateaux pour enfants. Drôle de chantier naval.*

*Le jeune homme respira fort, pour se donner courage. L'air sentait la poussière, la colle et le vernis.*

*– Il y a autre chose.*

*– Autre chose ?, ricana le luthier. Vraiment ? Attendez que je devine. Elle joue faux, c'est ça ? Vous ne croyez pas que vous devriez plutôt accuser vos doigts ? Dites-moi, galopin, que savez-vous de la musique ?*

*– Rien. Justement. Je ne suis pas musicien. Un oncle vient de mourir…*

*Le luthier ne le regardait toujours pas. Il ne prêtait attention qu'à l'instrument.*

*– C'est bien l'une de mes guitares. Je peux même vous donner sa date de naissance : été 1939. Peut-être le début de l'automne. L'une des dernières avant la guerre.*

*– Alors je me disais… À quoi sert une guitare, quand on n'est pas musicien ?*

*– Alors vous vous disiez…*

*La voix du luthier avait changé : la colère s'en était allée, remplacée par l'amusement. Ses petits yeux malicieux ne quittaient plus le visiteur.*

*– Je me disais… enfin… Ça vous arrive de racheter l'une de vos guitares ?*

*– Tout arrive. Même de gâcher sa chance.*

*– Je ne comprends pas.*

*– Cette guitare ne vous a pas été donnée par hasard. Aucune guitare n'est donnée par hasard. Je serais vous, je la garderais quelques semaines, histoire de voir ce qui se passe entre elle et vous.*

*Le très jeune homme se taisait. Peut-être que dans un corps de haute taille il faut plus longtemps pour réfléchir ?*

*– Bon. On ne va pas y passer la soirée. Je la garde ou vous la reprenez ?*

*Sans rien dire, le jeune homme tendit les bras.*

*– Parfait. Je préfère ça. Maintenant, il faut que je vous prévienne. Regardez le manche. Ne dirait-on pas un mât, garni de tous ses cordages ? Ce mât est couché. Et alors ? Ce bateau-là n'a pas besoin de voiles. Ce n'est pas le vent qui le fait avancer, mais la musique. Je ne vous aurai pas pris en traître. Quelqu'un qui accueille une guitare dans sa vie doit s'attendre à courir le monde. Un dernier conseil : les premiers temps, couchez avec elle. Pour qu'elle se sente en confiance. Vous verrez, elle saura vous remercier. Maintenant, laissez-moi. J'ai deux violons à finir. Bons voyages !*

*– Pardon ?*

*– Bons voyages ! Et vous n'avez pas entendu les « s ». Bons voyages au pluriel. Je connais ma fille : elle va vous emporter loin. Loin dans l'espace et loin dans le temps.*

*

* *

*Le reste de la journée n'a pas d'intérêt.*

*Le jeune homme timide rentra chez lui. Allongea la guitare sur son lit. Partit au travail (il étudiait la médecine : cet après-midi-là, il apprit l'articulation du genou). Il revint à la nuit, épuisé. S'endormit aussitôt. Et c'est alors que tout a commencé.*

Bloc après bloc, une pyramide montait vers le soleil. Une longue file de chameaux arrivait de l'autre bout de la terre ; des plaques de sel leur battaient les flancs. Trois voiles pointues glissaient sur le fleuve Nil. Un fellah sommeillait à l'ombre d'un âne que tourmentaient les mouches. Les êtres et les choses bougeaient doucement dans l'air. Le monde était neuf. Et, debout dans un char, le pharaon se promenait. Soudain une mélodie vint flatter ses oreilles. Il s'approcha de sa source : un homme poussiéreux assis sur un rocher.

– Comment appelles-tu cet étrange instrument ? Je n'en avais jamais vu de semblable. Drôle de caisse, prolongée d'un drôle de manche. Et pourtant, ses notes précises et discrètes m'ont charmé.

– *Kitàr*, répondit le musicien. Dans mon pays de Perse, *ki* signifie « trois », et « corde » se dit *tàr*.

– Je lui souhaite longue vie, ainsi qu'à toi.

Le musicien salua et prit congé. Il portait sa *kitàr* sur le dos. Le pharaon le suivit longtemps des yeux, jusqu'à l'horizon où il disparut.

Le pharaon demeura songeur, puis leva la main droite. Un conseiller se précipita.

– Ils sont nombreux, les nomades de cette sorte ?

– Seigneur, la nouvelle va peut-être vous inquiéter, dit le conseiller, mais ils se multiplient. Les gens d'aujourd'hui ne savent plus se taire ni tenir en place. Ils ont la bougeote et ne cessent de voyager, leur musique en bandoulière.

– Mais pourquoi ce besoin de musique ? Qu'est-ce qui leur manque ? Les dessins, la peinture, les formes suffisent. Regarde.

Le pharaon désigna les palais, les colonnades, les nécropoles qui les entouraient. Le conseiller haussa les épaules.

– On dit qu'un esprit de la forêt est cause de cette folie.

– La forêt ? Mais tout n'est que sable autour de nous !

– Justement, on dit aussi que la musique est un regret.

*Au matin, le jeune homme se précipita dans une bibliothèque, rayon de l'Égypte ancienne. Facilement, il reconnut l'endroit de son rêve : la nécropole de Gizeh, non loin du Caire. C'est là que le pharaon Khéops, vers 2650 avant Jésus-Christ, avait construit la grande pyramide. Un autre livre lui confirma la véracité de sa vision : à cette époque reculée, la guitare existait déjà. Il attendit la nuit avec l'impatience d'un amoureux. Où la musique allait-elle cette fois l'entraîner ?*

Lamas goguenards, montagnes enneigées...

Cette fois, aucun doute possible : la guitare avait franchi les mers et les millénaires pour gagner le Pérou. Et, vu la forme des armures, on devait se trouver à la terrible époque de la Conquête espagnole (XVIe siècle).

Tous les Incas assemblés regardaient couler les larmes de leur empereur.

Ils ne se trompaient pas, ils avaient bien deviné la nature de ces larmes : elles n'avaient rien à voir avec la peur. Un empereur, fils du Soleil, ne craint personne. L'empereur pleurait d'autre chose, l'empereur pleurait d'étonnement. Il ne comprenait pas pourquoi cent quatre-vingt-deux étrangers étaient venus de si loin déchirer le monde.

Avant l'arrivée de ces cent quatre-vingt-deux – maudits soient-ils ! –, tout était calme et chaque morceau de l'univers à sa place. Au-dessus des humains régnait le dieu Soleil et sous leurs pieds palpitait la déesse Terre. La Terre était la mère de tous. On lui parlait avec des flûtes et des tambours. Elle répondait par le grondement des volcans, le bruissement des forêts, le gazouillis des sources. La Terre devenait même bavarde, les jours de grand vent. Au long de leurs tiges, les têtes de maïs se heurtaient – *cha-ca, cha-ca*... – et l'on venait danser à ce rythme sourd.

Alors, pourquoi ces cent quatre-vingt-deux marins, montés sur leurs animaux redoutables, brandissant des bâtons creux emplis de feu, pourquoi étaient-ils venus massacrer les Incas et troubler l'ancien ordre des choses ?

Et l'empereur Atahualpa pleurait.

Quand le pays qu'il a en charge se brise, un empereur pleure. Les larmes qu'il verse sont le sang d'un monde blessé.

Francisco Pizarro, l'Espagnol, chef des cent quatre-vingt-deux, descendit de cheval. L'empereur ne le regarda pas. L'empereur ne regardait personne. L'empereur tenait toujours les yeux levés vers son père, le Soleil.

– Proposez-lui de l'or, dit l'empereur à l'interprète, autant d'or qu'il en pourra emporter. Les étrangers n'aiment que ça. Peut-être que, leurs poches bourrées et leurs animaux chargés, ils laisseront tranquilles le Ciel et la Terre.

Et l'empereur continuait de pleurer. Pleurait de stupeur, pleurait d'incompréhension.

Francisco Pizarro avait l'âme sensible. Il ne supportait pas les larmes.

Il donna un ordre. Dans un fracas d'éperons, trois de ses sbires s'avancèrent vers l'empereur, entourèrent sa gorge de leurs grosses mains sales et, devant le peuple pétrifié, l'étranglèrent.

*

* *

Et maintenant Atahualpa gisait sur le pavé.

Rien ne semblait avoir changé. L'eau de la rivière ne remontait pas vers sa source. Les oiseaux condors larges comme des moulins à vent dessinaient toujours au-dessus des montagnes leurs interminables cercles.

Mais les Incas avaient compris que le monde était mort et que le règne des malédictions avait commencé.

*

* *

Parmi les cent quatre-vingt-deux était José Fernandez, un Espagnol frêle et bistre, et toujours en retard et bousculé, moqué pour sa timidité, en rien semblable aux autres soldats : il n'était que douceur, respect des autres et curiosité du monde. L'assassinat de l'empereur l'avait tant écœuré qu'il avait quitté la troupe et, désormais, marchait seul dans le pays. On aurait dit un colporteur. En lieu et place de fusil, il trimbalait un énorme étui noir. Une sacoche et d'innombrables boîtes lui battaient les flancs. Le duc de Cadix, fou de plantes et de médecines lointaines, lui avait donné pour mission de répertorier les richesses botaniques du Nouveau Monde. Alors, tandis que ses camarades pillaient ou assassinaient, il passait son temps à dessiner, herboriser, emplir ses poches d'échantillons. En cachette de l'Église catholique, le duc lui avait confié une autre tâche : connaître le plus de femmes possibles et en décrire par le menu les originalités tropicales.

C'est alors qu'intervenait l'étui noir.

Plusieurs fois par jour, où qu'il se trouvât, José Fernandez en sortait sa guitare. Chez lui, en Espagne, ce simple geste déclenchait des chansons. Les oiseaux s'égosillaient, les femmes dégrafaient deux boutons de leur corsage, les hommes crachaient leur chique, les blés dansaient... Ici, dans ce haut Pérou frappé par la malédiction, les hommes à ponchos rouges, les femmes à jupons innombrables, les enfants à morve verte le regardaient sans rien dire. Et la Terre se taisait.

Plus de murmures complices dans le vent, plus de chansons fredonnées dans les feuilles, plus de rythmes joyeux dans les maïs. Rien. Le silence du monde pesait sur les humains comme un écrasant couvercle gris.

Et là-haut, au-dessus des cimes, au-dessus des neiges, au-dessus du silence, comme pour rappeler la condamnation, circulaient les condors aux ailes plus vastes que les voiles des bateaux envahisseurs.

La guitare avait perdu ses pouvoirs. Ses notes n'éveillaient aucun écho. Elles butaient sur du vide. Toutes les paroles de l'univers étaient restées dans la gorge martyrisée de l'empereur Atahualpa.

*
* *

Un jour, dans le nord du pays, comme la nuit tombait, un tatou traversa le chemin.

Une sorte de gros hérisson qui aurait troqué ses piquants contre des écailles. Il trottinait sans hâte, peut-être amoureux ou simplement heureux de humer la fraîcheur du soir. Fernandez tendit vers lui le doigt. Les Incas comprirent le message, ils s'approchèrent de l'animal en dansant et le saluèrent jusqu'au sol : « Mille excuses, seigneur Tatou, la Terre ne nous répond plus, nous devons tout essayer. » Et ils le soulevèrent ; ses petites pattes gigotaient dans l'air. Et, sans cesser de demander son pardon, ils le transformèrent en guitare. Sa carapace, vidée de ses entrailles, devint une caisse de résonance, un manche en bois remplaça sa tête, et ses boyaux, une fois séchés, se changèrent en cordes bien sonores. Ce drôle d'instrument, on le nomma *charengo*.

Fernandez sourit. Sa tâche était achevée. Avec leur guitare animale ajoutée aux tambours et aux flûtes, les Incas disposaient désormais de tous les moyens de la musique pour dialoguer de nouveau avec la Terre. Elle ne tarderait pas à sortir de sa bouderie.

À condition que l'étranger qu'il était s'en allât.

Il marcha jusqu'à l'océan. Il s'assit sur le sable.

Qu'attendait-il ? Un bateau pour revenir à Séville ? ou la mort ?

Brûlé par le soleil et la soif, mais ne sentant pas la faim, il ne regardait que sa guitare. Elle reposait sur la plage, en bordure de l'eau, comme un petit navire prêt à partir.

Une grande joie avait envahi le musicien. Il avait deviné la suite : la guitare allait engendrer partout des enfants, une famille infiniment diverse, aux formes et aux matières les plus bizarres, une famille qui bientôt couvrirait la planète. Aucune honte, aucun chagrin, aucun silence ne résisteraient jamais à toutes ces guitares. Les guitares étaient les chevaliers de l'alliance tumultueuse de la Terre et des hommes.

*Suivirent cinq nuits nulles. Je veux dire : cinq nuits vides. Pas le moindre voyage à travers le monde. Rien que des hallucinations sans intérêt : changé en poisson, le jeune homme court après sa mère ; grimpé au sommet de la tour Eiffel, il la sent vaciller…*

*Il se précipita chez le luthier. Le magasin-capharnaüm paraissait vide.*

*– M. Mutis, M. Mutis !*

*– Ne criez pas si fort ! Vous allez casser l'âme des instruments.*

*Enfin sa tête surgit. Il travaillait à une contrebasse où il s'était complètement englouti.*

*– Que se passe-t-il, cette fois ? Ma guitare vous fait encore des misères ?*

*Le jeune homme lui raconta.*

– Mais, mon petit gars, le rêve n'est pas un caniche, un animal domestique qui accourt quand on le siffle. Le rêve est plutôt de la famille des rebelles, comme le chat. Il n'en fait qu'à sa guise. Il vient quand bon lui chante... À propos de chant, comment vont tes doigts ? Tu as essayé de jouer, n'est-ce pas ? J'en étais sûr. Alors ? Quelles sont les nouvelles ? Parviens-tu à tirer de ma guitare d'autres sons que des grincements ?

Il vit l'air désolé du jeune homme. Lui conseilla le conservatoire du XIIIe arrondissement. Où il se retrouva, le lundi soir suivant, en compagnie de neuf autres débutants. Le professeur, une très jeune femme, piquait fard sur fard, ouvrait, fermait la bouche, dansait d'un pied sur l'autre. Il semblait qu'elle allait mourir là, d'un coup, de trac.

Soudain, elle se lança :

– J'ai peur, j'ai si peur... Pardon, jamais je n'aurais dû accepter, pardon d'avance. Rien n'est plus difficile que d'enseigner la guitare. Regardez le docteur Amat, le premier de tous les vrais professeurs, comme il a eu du mal. Il *habitait le nord-est de l'Espagne, figurez-vous, à la fin du XVIIe siècle.*

*Elle avait posé son pied gauche sur une chaise et s'était mise à jouer. Un air d'une infinie tristesse qui s'égaya peu à peu. C'est sa musique seule qui racontait. Pas besoin de mots.*

Carillonnaient les cloches en ce juin béni, remerciaient Dieu à deux genoux les adultes, gambadaient les enfants, chantaient les cigales, brûlait de nouveau le soleil, brillait comme jamais la mer : la peste était finie.

Dix mois durant, l'épidémie avait tout dévoré : les nouveau-nés et les vieillards, les belles dames pulpeuses de lèvres et rebondies de corsage comme les laiderons desséchés. Chaque habitant de Barcelone, au réveil, se demandait, terrifié : est-ce aujourd'hui mon tour ? Et il s'examinait pour savoir si les symptômes – désormais, hélas, trop bien connus – avaient profité de la nuit pour l'envahir. Voyons, est-ce que je tremble de fièvre ? Là, sous les bras, ou en haut des cuisses, n'ai-je pas couvé des œufs de pigeon ? Mon Dieu, je viens de tousser, approchons la chandelle, ne vais-je pas trouver du sang dans mon crachat ?

Non contente de tuer les humains, l'épidémie s'était attaquée à cette spécialité catalane : le bonheur de vivre. Elle avait vidé les tavernes là où, d'habitude, des nuits entières, on rebâtissait un monde plus généreux en or et plus riche en femmes fidèles. Comment trinquer avec quelqu'un dont l'âcre haleine peut vous donner le mal ? Elle avait chassé les parfums du port, si variés, si prenants, des épices d'Orient aux basilics de Provence, des muscs d'animaux aux senteurs de Gitanes diseuses de bonne aventure. On vivait avec des linges sur le nez pour tenter d'échapper à la puanteur de la mort.

La peste avait interdit les promenades. Plus personne n'arpentait les Ramblas, cette avenue ombragée où, naguère, la ville entière se rencontrait, s'apostrophait, se chuchotait des rendez-vous ; des terreurs folles avaient envahi les esprits, notamment celle d'attraper des furoncles par le simple regard.

Elle avait même assassiné cette merveille quotidienne : le coucher de soleil. On jetait tant de cadavres sur tant de bûchers qu'un rideau de fumées noires endeuillait perpétuellement l'horizon.

Et que dire de la vie des médecins pendant ce cauchemar ?

Levé avant l'aube, le docteur Amat courait la ville. Il escaladait le mont des Juifs, lesquels croyaient échapper au mal en se plongeant dans des livres incompréhensibles. Il dévalait la rue jusqu'à la maison des chanoines où l'on essayait une nouvelle lotion au soufre. Il passait la moitié de la nuit dans la cour des Orangers où l'on avait installé mille grabataires. Il se précipitait à la cathédrale Sainte-Eulalie où des malades fous d'angoisse et de terreur agressaient les nonnes…

*

* *

… Ces temps d'horreur étaient finis. Place au plaisir ! Bien au frais dans sa chambre, protégé de la chaleur par l'épaisseur des murs et de la trop forte lumière par des volets tirés, rassasié, abreuvé, reposé après sa première vraie nuit depuis dix mois, présentement allongé entre une jeune fille et une guitare, le docteur se demandait quel ordre suivre, par quelles délices commencer : ces semaines épuisantes l'avaient privé autant d'amour que de musique.

– Que trouvez-vous donc à cette caisse de bois ? demanda la jeune fille au bout d'un moment, agacée d'attendre le début des caresses.

– Légère sur la cuisse, douce contre la culotte, ronde et parfumée dans les bras…

– C'est tout ?

– Mais non. Elle est aussi discrète. Et modeste, jamais pressée d'occuper les premiers rôles, préférant plutôt jouer dans l'ombre, accompagner. Elle ne connaît pas la maladie d'orgueil qui ravage le monde.

– Je vois, dis la jeune fille. Un idéal, en quelque sorte.

– … Et fière, cependant, sachant comme personne se faire respecter. Certains jours, rien à en tirer : vous savez bien, on a beau se blesser les doigts sur les cordes, elle grince, elle chuinte comme une armée de chats en furie. C'est sa manière de protester : halte-là, cher ami, vous ne savez pas vous y prendre, changez vite vos façons.

– Mais, dites-moi, c'est de la passion !

– Et casanière, amoureuse de la maison, adorant sommeiller sur un lit, ronronner aux caresses d'un chiffon imbibé de cire d'abeille. Mais frémissante dès qu'elle sent dans l'air des préparatifs de voyage, prête, dans l'instant, à braver les périls de la route et la poussière du chemin. Oui, telle est mon amie la guitare ! Et bien d'autres choses encore.

– Je ne sais pas ce que je fais ici !

Le docteur Amat soupira. Bien sûr, il avait manqué de tact. On n'impose pas à une femme invitée le portrait de sa rivale.

Mais quel caractère, ces Catalanes ! La vie était bien assez grande (et les lits assez larges) pour des bonheurs à trois !

La jeune fille releva ses jupons et s'enfuit. Elle avait les mains qui tremblaient et des taches rouges dans le cou, preuve, chez les blondes, bien plus que les larmes, d'un chagrin véritable.

*
* *

Un mois passa. Après une semaine de joie furieuse, la vie avait repris son cours et la mort ses habitudes. On ne trépassait plus que de vieillesse, d'excès de vin ou d'assassinat.

La peste avait bel et bien quitté les lieux. On la signalait au loin, ailleurs, sur la rive sud de la Méditerranée, vers Alger ou Tunis, en des régions où, de toute façon, il ne fallait point trop s'aventurer sous peine de finir ses jours dans les chaînes de l'esclavage.

Maintenant que l'infection avait déménagé, maintenant que le soleil flamboyait de nouveau et que le ciel avait recouvré sa couleur bleue uniforme, pourquoi les habitants conservaient-ils leurs gestes d'épidémie, leur démarche de condamnés (petits pas, main gauche contre la bouche), leurs sobriétés et frugalités de malades (aucune visite aux cabarets, achats timides au marché) ? Pourquoi cet abattement dans le regard des passants ? Pourquoi ces murmures, ces messes basses, pourquoi cette pudibonderie chez les femmes, cet ennui chez les enfants, ces bâillements des Barcelonais, interminables, à tous les âges ?

Peu à peu le docteur sentit monter en lui la réponse à toutes ces questions. Une réponse sinistre.

La peste n'était pas partie seule. Elle avait emporté dans ses bagages quelque chose de secret et d'inappréciable, une marchandise dont aucun comptable, même le plus méticuleux, n'aurait jamais songé à consigner les mouvements dans ses livres, une sorte de couleur et de parfum, une vibration dans l'air, un éclat, une chanson diffuse : l'âme de Barcelone, son génie pour le bonheur.

*
* *

Alors le docteur Amat renvoya ses malades et s'enferma dans son cabinet. Et Anna Maria, son assistante-infirmière-ange-gardien-cuisinière-intendante-fournisseuse-en-cancans, tentait d'expliquer aux voisins l'étrange conduite de son patron :

– Mon maître est monté en grade. Mon maître n'est plus médecin de gens. Maintenant, il soigne les villes.

De deux mois il ne sortit pas. Chaque jour, Anna Maria lui déposait des oranges ou du riz noir à l'encre de seiche, ainsi que les ouvrages qu'il avait commandés à la bibliothèque. La brave servante collait son œil à la serrure et murmurait :

– Dieu du ciel, qu'arrive-t-il à mon maître ? Il s'est fâché avec sa guitare qu'il aimait tant ? Ne sait-il plus jouer ? Pourquoi ces exercices de débutant ? Il retombe en enfance ? La peste lui aura dévoré la raison !

Elle finissait par s'en aller, ses sabots raclaient la pierre du sol et de ses lèvres s'écoulait une prière à la Vierge Marie pour délivrer son maître de la démence.

*

* *

Lorsque, après cinquante jours et cinquante nuits d'un labeur acharné, le docteur Joan Amat reparut enfin, sa guitare dans la main gauche, une liasse de feuillets dans la droite, les yeux clignant de fatigue, il faillit renverser Anna Maria : comme d'habitude, à travers le bois, elle guettait les bruits du travailleur.

– Remercions Dieu, dit-elle en s'agenouillant, vous voici revenu chez les vivants !

Dès le lendemain, Joan Amat rouvrit son cabinet. Mais il avait changé de médecine. À tous ses patients, outre des conseils de vie pieuse et saine, il offrait son opuscule, le premier manuel au monde d'apprentissage de la guitare.

*

* *

Le mois d'après, les restes de l'épidémie, les cauchemars, les visions d'horreur, les souvenirs de puanteurs avaient disparu, comme dissous par la musique. La ville avait recouvré sa gaieté d'antan. Partout l'air catalan résonnait de notes, d'accords, de refrains. À chaque coin de rue, quelqu'un jouait ; assis sur une borne, derrière les fenêtres, on chantait ; en marchant même on s'arrangeait pour gratter des cordes sans cesser de se décrotter le nez (spécialité méditerranéenne).

Une troupe d'enfants suivait le docteur, car il parlait tout en marchant :

– Voilà une ville en bonne santé… La guitare a sauvé Barcelone… La guitare est notre plus puissante amie… Il y a trois couples qui comptent sur terre : un homme et une femme, un homme et son cheval, un homme et sa guitare…

*
* *

Quand l'âge et la maladie le rattrapèrent, qu'il fut contraint de s'aliter, les médecins et les prêtres affluèrent à son chevet. Pour rien au monde on n'aurait manqué la fin d'un personnage aussi célèbre. Surtout, le spectacle de son grand calme fascinait.

Le docteur ne voulait pas croire à sa mort prochaine. Il n'avait plus la force de jouer, mais sa main ne cessait de caresser la guitare de Tolède allongée à ses côtés sur la couverture de coton.

– Je ne meurs pas, répétait-il.

Les médecins hochaient la tête d'un air entendu et supérieur.

– Je ne meurs pas.

– Ne soyez quand même pas trop optimiste, mon cher confère.

– Je ne meurs pas.

– Si c'est vous qui le dites.

– Je ne meurs pas.

– Comme vous voudrez, mais ce n'est pas une raison pour insulter la Science ! Ni pour outrager Dieu !

Les prêtres avaient rejoint les médecins dans la chambre et, comme eux, s'indignaient de l'obstination du malade à ne pas vouloir mourir. Ils tentèrent de lui arracher sa guitare. Peine perdue : il la tenait bien trop fort. Pressentant quelque sorcellerie, on appela l'Inquisiteur, celui qui avait remis dans le bon chemin, grâce à la torture, une bonne centaine de Juifs et d'hérétiques divers avant de les brûler. Devant lui, le docteur Joan Carlos Amat continua sa litanie.

– Je ne meurs pas. Je ne mourrai jamais.

– Y aurait-il, mon fils, et ce serait fort grave, y aurait-il en vous l'idée sacrilège que vous êtes immortel ?

– La guitare est la forme parfaite… La guitare est à l'image de l'âme… La guitare et les guitaristes traversent le temps…

Devant ce blasphème, l'Inquisiteur se signa, horrifié, de même que tous ceux qui se trouvaient dans la pièce.

La voix du docteur Amat avait encore baissé. On devait se pencher pour entendre. Maintenant, il citait des noms :

– Richard Cœur de Lion, Guiraut Riquier de Narbonne, Juan de Palenria…

– Le roi d'Angleterre, je connais, murmura l'Inquisiteur. Mais qui sont les autres ?

– Des guitaristes, monseigneur, dit le maître de chapelle, un homme fort savant dans l'histoire de la musique. Des guitaristes célèbres à leur époque, des fils de Dieu au demeurant…

Le docteur Amat continuait :

– Alonso de Toledo, Rodrigo de la Guitarra.

– Et ceux-là, qui sont-ils ?

– *Idem*, monseigneur, des instrumentistes de renom.

La voix du docteur Amat n'était plus qu'un souffle.

– … Francesco Corbetta, Fernando Sor, Andrés Segovia, Django Reinhardt, Jimi Hendrix…

– Inconnus, balbutia le chapelain (on aurait dit qu'il embrassait le mourant, tant il avait approché son oreille des lèvres du malheureux), ces noms-là me sont tout à fait inconnus…

– Des alliés du Diable ! s'écria l'Inquisiteur. Qu'on les recherche à l'instant, et lui, qu'à l'instant on l'emporte à la question !

Mais il était trop tard.

Tandis que sa main droite, dans une ultime crispation, avait fait sonner dans le silence horrifié de la pièce un accord de septième, le docteur Joan Carlos Amat, auteur de la première méthode d'enseignement de la guitare à l'usage des amateurs, avait rendu le dernier soupir.

*Vive l'enseignement !*

*Le soir, il s'endormit sans tarder. La main droite posée sur la hanche de sa guitare. Et la gauche agitée de mouvements bizarres : ses doigts enchaînaient les accords qu'il venait d'apprendre.*

*La majeur : index, majeur et annulaire posés presque jointifs, sans aucune acrobatie, tout naturellement, sur la deuxième case du manche.*

*Un accord souriant et débonnaire pour le débutant.*

*Ré majeur : un petit triangle isocèle sur les trois cordes aiguës.*

*Mi majeur : les trois doigts restent à peu près groupés, pas de tension ni difficulté particulière. Une position facile à passer.*

*Mi septième : le petit doigt est tout raide, il a du mal à sortir de l'ensemble des trois autres, il va chercher plus haut, sur la deuxième corde, le ré, la note sensible. Celle qui donne l'impression qu'on ne peut pas s'arrêter là. Il faut continuer jusqu'à la résolution : revenir au premier accord, le La majeur du début.*

*Pour la beauté.*

*(Le rêveur ne savait pas qu'avec ces quatre accords, cette première grille, il pourrait accompagner une foule de chansons.*

*Après, seulement après, viendraient bien des embûches : les barrés, les intervalles invraisemblables et la main droite qui appelle des changements de plus en plus rapides, variés et compliqués).*

*Et c'est alors, peut-être appelé par ce début de musique, que Versailles parut.*

– Maître, bienvenue…

La voiture s'était arrêtée dans la cour du château. Soudain, après tous ces jours de voyage (cahots, poussière, ennui), la vie devenait conte de fées. Des soldats présentaient les armes et un trio de personnages cérémonieux attendait, chapeau bas et perruque immaculée.

– Maître Corbetta, c'est un honneur d'accueillir le musicien le plus fameux de l'Italie…

– Maître, nous comprenons votre fatigue, mais Sa Majesté le roi vous attend…

Le maître, puisque maître il y avait, s'étira, s'ébroua, inspira plusieurs fois, saisit sa guitare, posa le pied sur la terre française et suivit le trio dont le chef, un géant à la face rubiconde, émettait, comme les fontaines les jours de fête, un intarissable flux de paroles sucrées. Maître Corbetta par-ci, Maître tout court par-là... votre connaissance de l'harmonie... votre génie de l'accompagnement... grâce à vous l'instrument... l'Europe musicale ne parle que de vous... Sa Majesté s'impatiente fort de vous recevoir...

Précédée d'un huissier, la petite troupe s'engagea dans un parcours de labyrinthe : couloirs interminables, salons vastes comme des cathédrales, de nouveau des couloirs et partout la foule, une cohue en habits de fête, marquis et duchesses debout à converser ou assis à jouer aux cartes, aux dés, au trictrac. Aucune rue, même un jour de marché, n'avait jamais connu pareil encombrement.

– Place, s'il vous plaît, clamait le géant rubicond.

On toisait l'étranger avec mépris, jusqu'à ce qu'on eût remarqué la guitare. Aussitôt on saluait, on s'écartait.

– S'agirait-il de...

– ... Maître Corbetta, le virtuose, invité du roi ?

Les nobles dames, déjà, tentaient des œillades, les hommes se fabriquaient des sourires avenants. Comment se faire aimer du nouveau favori ?

– Mon Dieu, j'étouffe ! ne put s'empêcher de souffler l'Italien.

Le géant se retourna.

– Ne vous inquiétez pas : sûrement une petite faiblesse due au voyage. D'ailleurs, nous approchons. Et nulle médecine ne guérit mieux que la présence du roi. Vous verrez comme il est beau.

*

* *

– C'est ici.

Du menton, le géant montrait une haute porte rouge. Il semblait soudain apeuré, comme un enfant sur le seuil de sa première école. Il s'y reprit à trois fois : ses premiers coups d'index sur la porte n'étaient pas audibles à force de discrétion.

– Qu'est-ce encore ? gronda quelqu'un à l'intérieur. Nous ne serons donc jamais tranquilles, même en ce lieu ?

– Avec mon plus profond respect, Sire, le maître Corbetta est arrivé.

– Enfin, Dieu soit loué ! Mais qu'il pénètre ! Pourquoi tarde-t-il ?

Le géant saisit le bras de l'Italien, chuchota : « Bonne chance ! », puis : « Pas d'erreur possible, vous la reconnaîtrez d'emblée, Sa Majesté rayonne comme le soleil. » Il entrebâilla la porte rouge et, d'une bourrade, expédia le voyageur dans le Saint des saints.

*

* *

Étrange assemblée.

Un cercle de dix personnages trônait sur des sièges à large plateau et haut dossier. Leur mise était des plus raffinée : dentelles, rubans, broderies. Seuls les bas manquaient de noblesse : tire-bouchonnés sur les escarpins, ils laissaient voir des mollets blanchâtres et poilus.

– Bienvenue ! dit l'un des assis. Vous nous avez fait languir.

Soyons franc, l'Italien ne nota aucune majesté particulière chez celui qui l'apostrophait ainsi, même si, avec ce gros nez et cette taille fort modeste, célèbres dans toute l'Europe, il ne pouvait s'agir que du roi de France, Louis quatorzième du nom. L'Italien balbutia une litanie inaudible farcie de merci, d'honneur, d'excuses, de voyages interminables et de chemins défoncés.

– Brisons là, voulez-vous ? dit Louis. Et passons à l'acte.

Il empoigna une guitare qui, au pied de la chaise, attendait sagement, comme un chien, le bon plaisir royal. Malgré son épuisement, le maître italien commença la leçon.

– D'abord la position. Colonne vertébrale droite, épaules décontractées. Écartez la jambe droite. Posez l'instrument sur le genou gauche et pointez le manche vers le chiffre 2 des horloges.

Ainsi fit le monarque, « très bien » dit le maître. Les courtisans se pâmaient d'admiration.

– Maintenant, Sire, le jeu *pincé*. Le doigt tire la corde comme un archer qui décoche sa flèche.

Tant bien que mal, Louis XIV imita la démonstration. Le maître lui dit son contentement, au grand sourire des courtisans tout énamourés.

– Bien, passons à l'attaque *butée*...

Après deux heures de ce manège, l'Italien osa mettre un terme à cette première séance. Il vacillait de sommeil. Des images de lit, draps, oreiller, courtepointe lui torturaient la tête. Mais comment interrompre un monarque dont les phalanges augustes (et boudinées) prennent un malin plaisir à martyriser les cordes ?

Son séjour auprès du duc de Mantoue lui avait appris quelques recettes de cour. Il posa sa guitare à terre et applaudit, bientôt imité par l'ensemble des courtisans assis.

– Quelle est la raison de tout ce bruit ? s'enquit Louis XIV, faussement modeste.

– Sire, en vingt ans d'enseignement, jamais je n'ai rencontré pareilles capacités.

– Admirable, ajouta un courtisan en hochant si fort sa perruque que de la poudre en tomba.

– Éblouissant, renchérit son voisin.

– Renversant, étonnant, décourageant…

Chacun y allait de son compliment.

– Vous croyez, minaudait le roi. Vraiment, faut-il vous croire ?

L'Italien profita de la situation :

– Sire, avec une telle application ajoutée à de tels dons, dans six mois l'élève aura dépassé le maître.

– Peut-être moins, hasarda dans un murmure un courtisan.

– Cinq.

– Quatre et demi !...

Pour couper court à cette surenchère, le maître italien leva la main et assena à la compagnie une volée de proverbes :

– À chaque jour suffit sa peine, le mieux est l'ennemi du bien, qui trop embrasse mal étreint…

– J'ai compris, dit Louis XIV.

Et il daigna cesser de jouer.

L'Italien en fut soulagé : les grincements, les couinements engendrés par les débutants, fussent-ils royaux, sont de nature à torturer les tympans les mieux aguerris. Et la sorte de silence qui prit place un court instant parut la plus apaisante des mélodies.

Pourquoi fallut-il alors que le roi se levât à la seconde, copié par les dix courtisans ?

Jusque-là, l'air ne sentait pas la rose et, par bouffées, des effluves nauséabonds vous envahissaient les narines, par chance quelque peu filtrés par la forêt de poils qui se tient en ces régions. Mais, tout à son travail d'enseignant et intimidé par le caractère auguste de son élève, Francesco Corbetta n'avait guère prêté attention à ces désagréments olfactifs. Tels sont les palais français, se disait-ils, somptueux pour la vue mais éprouvants pour l'odorat. Il faudra m'y faire. On ne peut tout avoir, etc.

Cette sagesse stoïcienne, cette impassibilité ne résistèrent pas à la nouvelle et terrible agression dont son nez fut à cet instant victime. Une vague de pestilence envahit la pièce. Étant d'un naturel curieux des causes, Francesco chercha la raison de cette horreur. Son enquête fut brève.

Attention, personne n'ira jamais prétendre que l'Italie ignore les chaises percées, ces meubles d'aisance des plus pratiques. Par ailleurs, la péninsule s'y connaît en remugles peu ragoûtants. (Visitez Naples par une torride journée d'août !) Mais si, en nos loges d'opéra, on se livre à toutes sortes d'activités gastronomiques ou amoureuses, on n'y a encore jamais mêlé, que je sache, *pitsicatti* et défécation.

Francesco Corbetta croyait avoir tout vécu en cette première journée versaillaise.

Que nenni !

Imaginez qu'à peine levés tous ces nobles seigneurs tirèrent de leur poche un large mouchoir de batiste à bord de dentelle.

Mon Dieu, se dit l'Italien, ils vont se moucher ! Ma musique leur a causé du rhume. Ou bien c'est leur séjour prolongé sur ces chaises à trou qui les aura refroidis de l'intérieur.

Il se trompait.

D'un bel ensemble, ils se penchèrent et – j'ai honte à le dire tant la cour de France jouit dans toute l'Europe d'une réputation inégalée de délicatesse – ils se torchèrent le cul, lentement, soigneusement, sans cesser de sourire avec amour au roi. Lequel, occupé à la même tâche intime, donnait tout à la fois ses impressions et ses ordres.

– Nous sommes fort satisfait de vos services, Maître Corbetta. Il nous semble qu'une année de pratique nous conduira à votre niveau. Nous disons donc demain, même lieu, même heure.

Et Louis XIV quitta la pièce, suivi par la file indienne de ses adulateurs qui, un à un, jetaient leur linge souillé dans un vase en porcelaine bleue tendu par un valet impassible.

L'air sent le sud et le soleil. Ce doit être l'Italie. Les marronniers et les châtaigniers règnent sur la campagne, mais les orangers ont envahi les cours des maisons. Dans ce pays, les jardins bougent : il faut rentrer avant l'hiver les pots géants de terre rouge.

Un jour timide se lève dans une brume d'automne. À l'angle de l'église (on peut en lire le nom gravé au-dessus du porche : Santa Cecilia Maggiore), une silhouette haute et mince, voûtée, un peu tordue, tourne en coupant court, traverse la place déserte et file vers le campo Farnese.

Tête nue, cheveux mi-longs trempés, houppelande de voyage au col relevé, portant une longue boîte sombre, l'homme rase les murs et disparaît dans le brouillard.

Au loin, une cloche, puis deux viennent de sonner. Six heures ?

Plus tard, à deux pas, via Giulia, un autre fantôme sort d'une maison dont il referme avec précaution la porte. Elle grince un peu sur ses gonds. Il se retourne – coup d'œil à droite, coup d'œil à gauche – et, d'un pas flâneur, démarche désinvolte d'amoureux comblé, un étui noir à chaque main, trébuchant sur les pavés luisants, il s'efface à son tour dans l'air opaque.

Un pâle petit matin de duel ?

Une sale affaire qui traîne depuis l'été ?

*

* *

– Qui attend-on ?

– Paganini, l'illustrissime Niccolo Paganini.

Le cocher se rengorge. Il pourrait pester. La malle, sa malle, qui relie Parme à Milan, a déjà pris une demi-heure de retard. Mais le cocher rayonne. Durant des années, il pourra raconter l'événement : moi qui vous parle, j'ai transporté Paganini.

– Tout doux, tout doux !

Il calme comme il peut ses chevaux.

Dans la malle, Luigi Legnani enrage et gronde :

– Paganini… j'en étais sûr ! Un violoniste. Et de la pire espèce. La Grande Putain !

Il peste, il jure. Une fois de plus, il s'en veut. Il se traite d'imbécile. Si c'était à refaire, comme il choisirait, lui aussi, le violon au lieu de cette maudite guitare ! Tant qu'à travailler six heures par jour les gammes et l'arpège… L'époque n'aime que le violon, ses sanglots longs, ses roucoulades. Et les femmes ne s'intéressent qu'aux violonistes. Chiara le lui a bien dit, l'autre soir : « Mon pauvre ami, pourquoi jouer d'un instrument qu'on n'entend pas ? » Il faut du vacarme pour faire vibrer les dames, elles ne prêtent attention qu'aux sentiments bruyants. Voilà pourquoi elles se pâment devant un violon.

Elles sont devenues bien trop paresseuses pour tendre l'oreille.

Une chose est sûre : s'il avait préféré le violon, c'est lui, aujourd'hui, qui serait en retard, retenu par quelque bonne fortune, au lieu d'attendre, pauvre guitariste rongeant son frein, coincé entre un paysan qui sent le fromage aigre et un quadragénaire ventripotent, façon notaire.

Le cocher commence à s'inquiéter. Le jour se lève. Les voyageurs manifestent. La malle doit partir !

Tant pis pour Paganini. On annulera le concert du soir. Le lendemain, les Milanaises se battront plus durement encore pour entendre le merveilleux-si-distrait-insupportable-charmant-virtuose-retardataire.

C'est alors que deux étuis noirs volent vers le filet. Et une masse dégringole, cravate en bataille, cheveux hirsutes, rire tonitruant, bien trop bruyant pour un si petit matin…

– Raté la marche ! J'ai glissé sur le marchepied. Pardon à tous.

– Pas de quoi, Maître !

– Vous ne vous êtes pas fait mal ?

On l'excuse, on s'empresse. L'impoli trouve normaux ces hommages. Il s'époussette, reprend son souffle.

– Tiens, mais c'est ce bon Luigi ! Mesdames et messieurs, je vous présente un génie de la guitare. Cela fait si longtemps ! Tout va bien pour toi ? Quel bonheur ! Allez, fouette, cocher ! Rattrape mon scandaleux retard !

*

* *

– *Il Canone ! Il Canone !*

Rien à voir avec les manières discrètes en usage à Parme : serrer la main potelée du pharmacien, frôler la fille du magistrat, baiser l'anneau de Monsignore.

– *Il Canone ! Il Canone !*

La première fois qu'avaient retenti ces cris sauvages, tous les hommes valides avaient couru rejoindre leur poste. Quel poste ? On n'avait jamais eu l'âme militaire, à Parme.

La rumeur venait des guichets du théâtre. Scandée quatre heures avant l'ouverture.

– *Il Canone ! Il Canone !*

Les hommes se battaient, des femmes hurlaient et puis soudain tombaient, comme mortes, livides et raides. On escaladait la façade, on entrait par les fenêtres, on rampait sous les sièges, on s'entretuait pour une avant-scène. Honte sur Parme !

D'autant que partout, de chaque colline arrivaient en longues files diligences, cabriolets ou les plus élégants tilburys. Fanatiques de toutes sortes, sévères critiques parisiens, théâtreuses peinturlurées, on venait du bout du monde pour assister au spectacle, parfois même de Boston (États-Unis d'Amérique).

*Il Canone* : une gloire universelle.

Les baquets d'eau froide passaient de main en main – manches retroussées, rires mâles – et on les balançait à flots continus sur la foule en folie. Sans effet aucun.

– *Il Canone !*

« Le Canon », comme ils l'appelaient tous, c'était son violon. Le violon de Paganini. Un Giuseppe Guarneri del Gesu à manche court (Crémone, 1742). Préféré à un Stradivarius pour sa puissance sonore, pour son coffre.

Depuis trois ans, on traquait la voiture de Niccolo, on l'attendait aux portes les plus dérobées. Toucher Paganini, lui arracher une boucle de cheveux ou sa cravate…

« Le maître du violon », répétaient les journalistes. Et lui, toujours en ricanant, ajoutait : « Mais la guitare est mon maître. »

On prenait cela pour une coquetterie.

Pauvre guitare ! L'instrument qu'on n'entend pas.

*

* *

Depuis deux heures au moins, secoués dans les ornières, ils longeaient un troisième lac, interminable. Un flacon – du madère bien douteux – passait de main en main. C'était la tradition : un vin par lac, invention piémontaise pour tuer l'ennui du voyage.

Et Luigi regardait Paganini, son ancien ami d'enfance.

Paganini n'arrêtait pas de lui sourire. Paganini faisait l'aimable. À sa manière de violoniste, bien sûr, vulgaire, bruyante, manière de vedette adulée. Mais ces efforts étaient notoires. Et touchants. Paganini voulait renouer, rien de plus sûr. Renouer, mais quoi ? L'amitié n'est pas un fil de laine et les nœuds qu'on y fait ne tiennent jamais.

À quoi tient une amitié ? On croit qu'elle va durer jusqu'à la mort. Et puis la vie, des jalousies minuscules, des blessures cachées peu à peu vous écartent l'un de l'autre. On s'éloigne comme deux bateaux sur la mer. D'abord insensiblement, comme à regret.

Puis chacun prend son sillage et disparaît dans un coin de l'horizon.

Luigi regardait les mains immenses du violoniste, ces phalanges démesurées qui avaient tant inquiété le médecin de famille : « Enfant trop long, trop chétif, aux membres anormaux, signes avant-coureurs de dégénérescence, sans doute de l'épilepsie… »

Et maintenant, en dépit des cahots, des terribles secousses qui, chaque minute, menaçaient de disloquer la voiture, ces doigts couraient sur un cahier à feuilles rayées, du papier à musique. Recroquevillé, tordu, secoué comme un prunier, Paganini composait. Composait furieusement, tout en souriant à Luigi. On pouvait détester les violonistes, leurs façons de clowns bellâtres, mais quelle vitalité possédait celui-ci !

Les passagers, malgré le madère et la longueur du trajet, se taisaient. Ils fixaient, fascinés, le manège du maître ; ils se poussaient du coude. Dans plusieurs années, ils se rappelleraient ce moment magique : oui, nous avons voyagé avec Lui. Oui, nous

L'avons vu créer. Ce chef-d'œuvre, nous l'avons vu naître.

– Ouf, dit Paganini comme on entrait dans Milan. Elle m'a donné du fil à retordre. Mais la voilà. Une sonate toute chaude en *la* majeur. Violon et guitare...

Et il tendit son cahier froissé à Luigi.

– De quoi te réconcilier avec la musique. Autant de guitare que de violon...

Prévenue on ne sait comment, une petite foule piaffait devant l'auberge. Tout de suite, elle encercla la voiture.

– *Il Canone... Il Canone !*

– Voilà que ça recommence, dit le maître. Le temps de te chauffer les doigts, viens me rejoindre. Avant le dîner, on dégrossira l'affaire. Et après, à nous la gloire ! N'oublie pas : violon ET guitare. Une gloire à deux.

*

* *

Au bout du couloir, Luigi avait choisi la pièce la plus reculée. Un endroit tranquille, bien clos, comme un étui. Une pièce pour la guitare. Seul luxe : une cheminée où trois bûches flambaient joyeusement. Il avait éteint les bougies. La lumière des flammes lui suffisait pour déchiffrer la sonate du « maître », le prétendu « chef-d'œuvre » composé dans la diligence à grandes lampées de mauvais madère.

– Injouable.

Il murmurait.

– Injouable. Là, cette mesure, impossible. Pourtant, il connaît l'instrument. Comment s'en tirer avec ces intervalles déments ? Quel jeu joue-t-il ?

Il prit la guitare. Y posa les doigts.

– Injouable, comme tout ce qu'il écrit. L'acrobatie… seule l'acrobatie l'intéresse. Pas la musique.

Il regarda ses mains : des mains courtes, solides, braves. Des mains pour l'honnêteté, pas pour le cirque. Il se souvint d'un moment, dans la voiture, juste avant Milan. Paganini s'était échauffé, il s'était soudain mis à parler à l'italienne, une vraie danse des phalanges, un ballet de gestes. Niccolo avait des mains comme deux oiseaux pâles battant des ailes, attachés au bout d'une ficelle.

*

* *

– Les revoilà !

Nul besoin de s'approcher de la fenêtre pour s'en assurer. Les admiratrices étaient revenues. Le temps de se changer, parfumer, coiffer, décolleter, elles avaient accouru, s'étaient installées pour le siège. Le concert officiel n'était que pour le lendemain. Mais elles ne partiraient pas sans un en-cas, un amuse-gueule pour elles seules. Elles piaillaient, elles rôdaient, avides et bruyantes. Elles pouvaient attendre des nuits entières. Les nuits ne sont pas faites pour dormir. Le sommeil est l'affaire des siestes ; de deux à six, on dort et digère, on économise du temps, on reprend des forces pour le plaisir. Qui nous sauvera des Italiennes ?

Dans tout ce brouhaha théâtral, un froufrou qui s'approche. Une étoffe, sans doute assez lourde, frôle le parquet du couloir. Le bruissement s'arrête. Luigi sourit. Cette visite n'est pas la première du genre. Toutes les femmes ne sont pas des mouettes. Certaines préfèrent les pièces reculées au bout du couloir, les chambres faites pour la guitare.

– Ne vous dérangez pas pour moi, continuez.

La porte s'est ouverte. Une fée s'est assise près du musicien, tranquille. Une aristocrate, comme le confirme la bague en or gravée d'une petite couronne : « J'ai le droit d'être où bon me semble et ma fantaisie, ce soir, est de me tenir près de vous. Estimez-vous heureux et continuez de jouer. » Tous ces mots muets résumés dans un petit sourire…

Que peut faire d'autre un musicien que de rendre grâces à Dieu, à la musique, aux comtesses italiennes – et jouer ? Jouer tout bas, comme pour une confidence. Peu à peu s'éloigne le vacarme du monde. On se sent seul, préféré, protégé. La guitare sait créer des îles désertes…

*
* *

– *Il Canone, il Canone !*

Comme d'habitude, le maître se faisait attendre et les fanatiques, au rez-de-chaussée, s'impatientaient.

– Pauvres dindes ! lâcha la comtesse. Préférer un violon, comment dire… public, à une guitare rien que pour soi !

Agenouillée devant le feu, la tête un peu penchée, elle soufflait pour ranimer les braises. Son dos était nu, un vrai décolleté du soir. Au long de son cou blanc, une boucle d'oreille en goutte d'eau battait comme une mesure. Ses cheveux noirs lui coulaient sur l'épaule droite. Luigi approcha la main.

– S'il vous plaît, dit la dame, pas de hâte. Le temps est à nous. Et pourquoi nous priver du spectacle ? Vous venez ?

Elle s'était levée, ouvrait déjà la porte. Luigi ne put réprimer une grimace.

– Je vous rejoins. Quelques accords à vérifier…

*
* *

Enfin le voilà. Niccolo Paganini paraît. Tout en blanc, sur le palier – chemise à jabot large, ouvert, pantalon flottant repris serré aux chevilles, « à la mauresque » –, il joue et salue, comme à son habitude, dans les neuf langues qu'il connaît. Une à une, il descend les marches. Il joue et parle en même temps, se raconte. Des souvenirs intimes, des traits d'esprit, de savoureuses indiscrétions. Séduire, toujours séduire, incorrigible Niccolo ! Luigi n'a pas besoin de faire effort : à travers le mince parquet, il entend tout – le reste, il le devine.

Pauvre violon ! Niccolo le martyrise sans respect pour les jointures, la lutherie fine.

Son Guarneri donne de tous ses poumons, un jour il explosera.

Le feu sursaute dans la cheminée, les flammes grandissent, sous le plancher les dindes murmurent : « Mon Dieu, quelle puissance ! »

Et Paganini en rajoute. Il a remarqué que son ombre se projette sur les murs. Merci, les candélabres ! Alors il joue pour le spectacle, il tourne la tête, il offre son profil, il amplifie ses coups d'archet. Le virtuose est devenu chevalier en lutte contre d'invisibles ennemis. Les dindes se pâment. Où donc est la musique ?

*

* *

Maintenant, Niccolo s'ennuie. Il a fait tous ses tours, pris toutes ses poses, il les a séduites toutes, et il s'ennuie. Rien de pire que l'ennui du séducteur. Face à tous ces visages enamourés, il se sent seul au monde. Un clown nu dans la foule. Alors il appelle, comme un instrumentiste appelle, en changeant son jeu. Il abandonne sa morgue, quitte sa superbe, jure qu'il ne veut plus conquérir, il se fait doux, modeste, presque timide, il accueille. Pour un peu, il supplierait.

À l'étage, de l'autre côté du très mince plafond, Luigi a compris le message.

Il saisit sa guitare. Chance, les basses sont neuves. Il a changé les cordes à Parme juste avant le départ.

Il étire ses doigts, sourit. Et entre dans la danse. Tout de suite, ses notes montent, puissantes et chaudes. Le sapin des lambris les amplifie, les relance, elles sonnent comme dans une église.

Le violon un moment hésite, on le sent surpris : tiens, cette petite guitare aurait-elle du coffre ? On devine la tentation : reprendre immédiatement l'avantage, écraser, comme d'habitude. Mais Niccolo lui tient la bride courte.

Et la musique repointe son nez, cette musique qui avait fui, dégoûtée, les acrobaties du *Canone*. Elle revient pas à pas, elle salue le feu dans la cheminée, elle caresse les murs, elle glisse sur la peau des dindes. En cinq ou six mesures, elle leur retire le plus gros de leur bêtise. Pour un peu la musique leur redonnerait une âme.

Guitare, violon, guitare, chacun joue sa part, on se respecte, on s'écoute. Fragile équilibre, un rien peut le détruire. Tout duo est un duel. Mais Paganini a eu trop peur, peur de la solitude. Il a trop besoin d'autrui. Il maîtrise ses démons. Pour l'heure.

*L'amie guitare ne tenait plus en place. Sa frénésie de voyages ne s'apaisait pas. De tout son corps, elle vibrait et palpitait, tel un cheval fou qui veut continuer sa course. À peine revenue d'Italie, elle piaffait pour repartir. Le monde est vaste, disait-elle, continuons son exploration. Le repos sera pour plus tard.*

*Une fois de plus, le jeune homme timide s'abandonna à son mouvement. Et se retrouva dans un port bien français. Ce ne devait être qu'une courte escale avant d'embarquer pour une nouvelle et tragique aventure.*

« Nantes, la bonne ville de Nantes... » Ce soir-là, précisément, Le Bozec détestait Nantes.

Il courait sur le quai, chapeau dégoulinant sous les grains, vers le quartier des armateurs.

La convocation était arrivée tard à bord : « *Le lieutenant Le Bozec devra se présenter* », etc.

Il fallait bien se rendre aux ordres. « Prendre connaissance », comme disaient ces messieurs du commerce. Écouter tous les salamalecs. Et Le Bozec était furieux.

Le mousse avait frappé à sa cabine, tendu la lettre : « ... *devra se présenter à la Compagnie* ».

Un canot l'attendait, roulant au flanc du bateau.

« Nantes, la bonne ville de Nantes… »

La comptine lui était entrée dans la tête en douce, avec la colère. Ce qu'il faut faire pour gagner sa vie… Jamais il n'aurait imaginé ce genre de voyages quand, enfant, il rêvait sur les grèves de Saint-Malo. La mer elle-même peut-elle parfois ressentir de la honte ?

*

* *

La pluie et les risées battaient les fenêtres, s'engouffraient dans les ruelles.

Même dans la maison, volets fermés, lourds rideaux tirés, les flammes chancelaient aux chandeliers.

– Une navigation de demoiselle, mon cher Le Bozec. Vous débarquez le pilote à Saint-Nazaire. Bâbord, et vous mettez au sud. Plein sud, et tout dessus. L'Afrique, jeune homme… Tirez sur le bateau. Tirez toujours sur l'équipage. Souquez ! La Compagnie l'exige : des courses rapides. Elle veut voir ses bateaux filer. Un os entre les dents. Que les Anglais, lieutenant, ne voient que nos culs…

L'armateur posa son verre.

– Le porto du départ !

C'était au moins le cinquième. Sans porto, qui partirait ? Henri le Navigateur n'était-il pas portugais ?

Poliment, Le Bozec se pencha. Suivit le doigt qui tremblait sur la carte dépliée. La chevalière et les poils un peu rares à la seconde phalange balayaient le Sahara, glissaient vers le Congo.

L'armateur s'était perdu, il cherchait la côte, s'énervait sur le document. Il ne retrouvait plus le bleu. Ni la destination confidentielle du voyage.

*

* *

Le vent forcissait encore et Le Bozec pensait à son bateau.

Déjà mouillé en rade pour le départ à l'aube. À la renverse des courants. Et chaque risée lui faisait mal : il imaginait la coque, ses bordées, ses membrures taper dans le clapot, tirer sur ses deux ancres. Faire tête, au mieux, ou bien chasser, dériver…

Marin ! Où est ta fierté, marin ?

Courbé dans un salon, cassé en deux et déférent. Le chapeau à la main qui goutte sur les tapis. À suivre un doigt débile qui s'égare en plein désert.

« Nantes… », la comptine reprenait forme. Elle lui emplissait le cerveau : « bonne ville de Nantes ». Tu parles !

– Voilà, nous y sommes. Gorée !

L'armateur mit l'index sur la petite île. Tout près du Sénégal. Trois kilomètres au large de Dakar.

Plus tard, pensa Le Bozec, comment m'appelleront mes enfants : marin ou négrier ?

*
* *

Le Bozec partirait à l'aube. Comme tant d'autres. Son bateau se nommait *La Vigilante*, deux mâts et barre franche.

Elle chargerait à Gorée deux cent vingt-sept hommes et cent vingt femmes. Collier de fer au cou. Fers de bras et fers de jambes. Cadenas et clefs. Cargaison humaine répartie au mieux et sur deux couches.

Ceux que l'affaire intéresse peuvent consulter les plans de chargement au musée de la Marine : au fond des bateaux, on croirait voir du lest, des galets. Ce sont des nègres.

Gorée, petite île de larmes, camp de concentration des esclaves, dernier fragment de terre africaine avant le large, ultime balise avant les Amériques.

*

* *

Combien de Le Bozec jusque vers 1867 ?

Combien de moussaillons des grèves, pieds nus, à la godille, rêvant d'être marins ?

Combien de Le Bozec piégés pour vivre dans ce commerce infâme ? Et combien de nègres auront-ils transportés, tous ces Le Bozec ? À combien d'hommes et de femmes à fond de cale, cherchant le jour et l'air, auront-ils fait traverser l'océan, sous le pont lisse d'une *Vigilante* quelconque ? Cinquante, cent millions ?

Gorée. Honte aux marins !

*

* *

Mille fois, voyant la détresse des nègres, la guitare avait eu envie de proposer ses services. Pauvres esclaves prisonniers du coton ou de la canne à sucre, enchaînés à leur travail. Pauvres Noirs d'Amérique privés de leur musique. Le *Black Code*, appliqué par les planteurs, était formel : interdiction des tambours et des flûtes qui « pourraient être utilisés comme en Afrique pour communiquer et appeler à la révolte ». Interdits sous peine de mort.

Bien sûr, ces malheureux avaient leurs voix et les chants de travail, les *work songs*, se répondaient de plantation en plantation. Et le dimanche, à l'église, ils trouvaient dans la Bible des espoirs, des ressemblances. Le peuple juif aussi avait été dans les chaînes. Et Dieu l'avait libéré. Les esclaves s'époumonaient, donnaient tout leur cœur :

*Go down Moses, way down in Egypt's land*
*Tell old Pharaoh, let my people go.*

(Descends, Moïse, descends sur la terre d'Égypte

Et dis au vieux pharaon de laisser aller mon peuple.)

C'est bon de chanter ensemble, d'ouvrir aux rythmes toutes les portes du corps. Mais que la voix de l'homme se sent seule quand aucun instrument de vient la relayer !

On leur avait permis le banjo, parfois le petit violon. Mais comment exprimer la tristesse et l'exil avec ces sons secs ou grinçants, ces caricatures de musique, ces boîtes sans subtilités, ces jouets d'enfant ?

Fidèle à ses habitudes, la guitare demeurait discrète. Elle attendait son heure. Elle se préparait en secret. Invisible, elle se promenait dans tout le Sud des États-Unis, elle rôdait dans les champs de coton, le long du Mississippi, dans les marais du delta. Elle se faufilait dans les maisons de planches, elle tendait l'oreille aux soupirs, elle entrait dans les rêves, elle pleurait à certains cauchemars. Elle apprenait l'âme noire, elle faisait sienne le blues :

*The first time I met the blues, he was walking through the woods.*

*He knocked at my home and done me all the harm he could.*

*Now the blues got after me, Lord, and run me from tree to tree.*

*You should have heard me begging: "Mister Blues, don't murder me."*

*Good morning mister Blues, what are you doing here so soon?*

*You be's with me in the morning and every night and noon.*

(La première fois que j'ai rencontré le blues, il marchait à travers bois.

Il frappa à ma porte et me fit le plus mal qu'il put.

Maintenant, le blues m'en veut et me poursuit d'arbre en arbre.

Tu aurais dû m'entendre implorer : « Monsieur Blues, ne m'assassine pas ! »

Bonjour, monsieur Blues, que fais-tu ici de si bonne heure ?

Tu es avec moi dès le matin, mais aussi chaque nuit et chaque après-midi.)*

Bien sûr, la guitare applaudit à deux mains la fin de l'esclavage. Mais la guitare n'est pas née de la dernière pluie. La guitare est aussi vieille que le monde. Elle sait que

* Little Brother Montgomery (Gérard Herzhaft, *Un long blues en la mineur*, Ramsay, 1986). Gérard Herzhaft est également auteur de *Le Blues*, PUF, 1994.

les lois servent souvent de masques à la réalité et que le mieux peut engendrer le pire.

Et le pire était là, le pire s'était emparé des pays du Mississippi et y régnait en maître. Les Sudistes prenaient leur revanche. Le Ku Klux Klan et les chevaliers du Blanc Camélia pourchassaient les anciens esclaves. Les lynchages se multipliaient. Plus de huit cents en un seul comté, au cours de l'année 1883. La ségrégation s'installait et réservait aux Noirs les plus mauvaises écoles, les hôpitaux les plus insalubres. Surtout, le travail manquait. La main-d'œuvre n'étant plus gratuite, les anciennes plantations survivaient à grand-peine et licenciaient à tour de bras. Les Noirs n'avaient plus qu'une solution : la route. Fuir vers le nord. Gagner New York, Chicago, les grandes cités yankees où ils trouveraient peut-être un emploi.

Quand un homme, après avoir été arraché de son continent, est chassé de la terre où sont nés ses parents et les parents de ses parents, il ne lui reste plus qu'une patrie : la musique.

Des colporteurs d'un genre nouveau se mirent alors à sillonner l'Amérique. On les appela *songsters*, car ils ne vendaient que des chansons, des ballades, de longues histoires de Noirs en lutte contre la société des Blancs. Ils frappaient à toutes les portes, baraquements d'ouvriers, campements de chômeurs, cafés, cantines, bordels. En échange d'un repas et d'un toit pour la nuit, ils chantaient la légende de Frankie et Albert, Duncan et Brady, de Bill, l'homme du chemin de fer, de la maison du Soleil qui se lève, *The House of the Rising Sun*...

Les sectes se multiplièrent, des églises noires où l'on priait à pleine voix en battant des mains, comme si l'on voulait réveiller Dieu. On ressortait de la mémoire commune les vieilles mélopées de l'esclavage, des *negro spirituals* peu à peu changés en *gospels*. C'était le prêcheur qui dirigeait les chœurs, c'était lui qui enflammait les fidèles.

La guitare avait trouvé sa place sur le dos du *songster*, dans les bras du prêcheur. L'homme noir voguait sur sa peine et la guitare était son navire.

Leur commun voyage devint le blues.

*L'habitude était prise, dorénavant : chaque mois, le jeune homme rendait visite au luthier. Il montrait les progrès lents, si lents de ses doigts. En échange, le vieil homme racontait des histoires de son métier, qui est aussi un art.*

*« Calle de La Paz, à Madrid, habite la famille de* guitarreros *la plus célèbre du monde. Le magasin est au rez-de-chaussée. L'atelier au premier étage. Ils logent au-dessus. Une maison entière consacrée à la musique. Ils fabriquent des guitares depuis deux siècles. On appelle chacune du prénom de son créateur : une José I ou II, une Manuel, une Amalia… Il faudra que vous fassiez le pèlerinage, quand vos doigts en seront dignes.*

*Un jour de 1912, un adolescent hautain se présenta, une caricature de romantique : lavallière mauve et cape noire.*

*L'adolescent hautain dédaigna le vendeur et se dirigea directement vers le patron.*

*– C'est vous, Manuel ? Parfait. J'ai un concert ce soir. Je voudrais vous louer votre meilleure guitare.*

*Manuel le considéra, hocha la tête et lui confia un instrument.*

*– Je vous écoute !*

*Stupéfait par la virtuosité et la musicalité du jeu de l'inconnu, il lui fit don de la guitare. Cet incroyable jeune prodige était Andrés Segovia. Il se produisait, ces années-là, de bar en bar et sans cachet.*

*C'est cette guitare, prétendent certains, qui se trouve aujourd'hui à New York. Au Metropolitan Museum. On n'est pas obligé de les croire.*

*Rien n'engendre plus de légendes que les guitares. À propos, vous dormez toujours avec la vôtre ? Prenez garde. Rappelez-vous le conseil avisé de mon très ancien confrère*

*Thomas Oracé, en 1676 : « Il n'y a rien de mieux que de ranger son luth dans un lit où l'on dort couramment, mais il faut prendre soin de ne pas s'y jeter, car nombre de bons luths se sont ainsi gâtés. »*

*Ainsi parlait le luthier, mêlant histoire et géographie, technique et poésie. Et le jeune homme prenait ces rendez-vous pour autant de leçons de musique. Car il avait compris que les mots et les notes sont frères et sœurs. Depuis toujours, ils s'entendent comme larrons en foire pour narguer le silence.*

Ceux qui voyagent dans le temps facilement se perdent, corps et biens. À quelles réalités peuvent-ils se raccrocher ? Comment reconnaître au premier coup d'œil l'époque dans laquelle on a débarqué ? Je vous conseille de regarder les voitures et les robes des femmes : elles vous diront l'année.

Ainsi ce gros taxi qui glisse doucement dans la nuit indique, sans risque d'erreur, les alentours de 1930. Sous le très long capot noir, le huit-cylindres rauque et muselé ronronne. C'est la petite heure où ferment les bals.

Barbès, Montmartre, rue de Lappe… Le chauffeur a sommeil. Il a fini sa ronde, tenté sa chance à toutes les sorties de bars, de dancings : l'Ange rouge et la Rose blanche, les Gravilliers aussi, le plus dangereux quand la lumière s'éteint. « Panne de courant, crie de temps à autre le patron, je ferme les yeux ! » Et les couteaux jaillissent, les calibres donnent.

Personne dans les rues : il gèle à pierre fendre.

Reste la Java, nouvel établissement, musique, poker et faune douteuse. Dernier détour. On ne sait jamais avec la chance. Et si elle faisait cadeau d'une course paisible sur le chemin de la maison ?

Le chauffeur baisse un peu la vitre et frotte le pare-brise : devant la boîte, barrant la rue, un coupé sombre est arrêté, portes grandes ouvertes. Un marlou – type feutre rabattu, col relevé, manteau clair – y traîne une jeune femme blonde en béret et robe courte. Il la jette sur la banquette arrière et tout de suite la voiture tangue. Un petit amour vite fait, sur le gaz. Déjà le mâle se relève, sort, claque la portière. Il crie une adresse, quelque part à Montparnasse, frappe la carrosserie du plat de la main et s'en retourne achever son porto-flip.

Sur le trottoir, deux types à casquettes en tabassent un troisième.

– Porte d'Italie. Vers la zone. Je dirai où !

L'homme – tout jeune – est monté sans bruit. Une cigarette au coin des lèvres, il sourit.

Le chauffeur, surpris, s'est retourné.

Ce client-là n'a pas vingt ans. D'où peut-il bien sortir ?

Le cheveu noir et gominé luisant sous la lunette arrière. Les yeux – des fentes – partent en oblique. Comme les pommettes hautes et la moustache. Un visage tout en V, des V dans tous les axes.

Circassien, Ouzbek ? En tout cas, de l'Asie plein les traits.

Le chauffeur ne remonte pas la vitre intérieure : cette nuit, pas de séparation. Au diable les précautions ! Le besoin de parler est trop fort.

Il cherche la vitesse, ce drôle de levier tordu en baïonnette qu'il faut guider dans sa grille, le long du tableau de bord.

Tout en démarrant, il se présente. Il ne supporte pas que la clientèle se trompe sur son compte.

– Je suis russe, monsieur, grande maison avant la révolution. Après, l'exil. Aujourd'hui, taxi. C'est la vie.

Dans le rétroviseur, il cligne de l'œil. Un vieux monsieur gentil, fluet. Comment de si peu de corps peut sortir une telle voix ? Une vraie basse, un bourdon à faire trembler une cathédrale.

– Moi, monsieur, tzigane, répond le jeune gominé. Métier : banjo…

Il tend la main.

– Django je m'appelle, avec Reinhardt, pour être complet… Ou Jeangot Renard, comme ils disent ici.

– Très honoré ! La musique est aussi une noblesse.

Le chauffeur s'est arrêté pour mieux saluer son client. Pour un peu, il descendrait sur le trottoir et prendrait le garde-à-vous. Il redémarre.

Ledit Django bâille.

– Je suis fatigué. Maintenant, c'est l'heure de mon frère Joseph. Il joue à ma place : on se ressemble. Je le laisse travailler et moi je rentre. La Java, c'est pourri : vingt-sept morceaux à l'heure. Les clients n'y connaissent rien. Mauvaise musique, mais la monnaie circule... D'ailleurs, c'est fini pour moi, la Java. Un riche Anglais vient de m'engager.

– Félicitations !

– On verra bien.

Cette nuit glaciale, le Russe et son Tzigane traversent la Seine, remontent le boulevard de l'Hôpital, longent lentement la Salpêtrière, arrivent au quartier d'Italie.

Juste après les fortifications, Paris s'arrête net ; tout de suite commence la zone. De la boue, des flaques, des ordures, des baraques de planches, des toits de tôle ondulée, une guinguette qui croule, un chien crevé. On frissonne rien qu'à y jeter un coup d'œil. On devine l'armée des rats, même en hiver ; les enfants blanchâtres aux toux qui durent d'octobre à mars. De loin en loin, un fanal. Le reste croupit dans la nuit.

– Stop. C'est là. Payez-vous et merci pour la conduite.

– Vous êtes sûr ?

Le taxi russe s'est retourné. Il tient dans sa main le gros billet. Une silhouette disparaît, là-bas, entre deux restes de remparts. Qui oserait la rattraper ?

*

* *

De l'autre côté du talus, sous le dernier quartier de lune, dort le campement : quelques guimbardes multicolores et une centaine de roulottes de toutes tailles et formes, des riches, des pauvres et des folles, bricolées, hétéroclites. Et un petit peuple de chevaux mal protégés sous les tôles.

Django s'arrête, respire longuement :

– Ils vont être fiers de moi…

Des chiens sont venus à sa rencontre et le fixent sans aboyer. Derrière une fenêtre fermée d'un rideau rouge, deux silhouettes s'enlacent. D'autres coins montent des rumeurs de rixes, des échanges d'amabilités conjugales.

– … Fiers ou non, qui peut savoir ?

Ces gens-là, frères ou cousins, ne pensent qu'au voyage. Bella, elle, sera joyeuse. Bella, ma femme. Bella, qui gagne notre vie en fabriquant toute la journée des fleurs artificielles, des jardins funéraires.

Il court vers sa maison à roues porter la bonne nouvelle.

Bella se réveille en sursaut. Django s'est jeté sur le lit et l'embrasse. À tâtons, elle allume une bougie. C'est une femme qui aime regarder le bonheur. Django, dans sa frénésie, renverse tout. La bougie tombe sur les fleurs de celluloïd. Et la roulotte prend feu. Bella, les cheveux roussis, réussit à s'échapper. Elle crie :

– Django est dedans, Django est dedans !

Lui, étouffé par la fumée, rampe sur le plancher. Le brasier le cerne. Dans un dernier effort, il se jette dans les flammes, franchit on ne sait comment le rideau brûlant. De douleur il hurle, se roule par terre. Son corps n'est que plaies et déjà sa peau s'en va par lambeaux.

Cette nuit-là de la Toussaint 1928, une main gauche entre dans la légende.

*
* *

Malgré ses blessures, ou à cause d'elles, Django ne resta pas longtemps à l'hôpital : on voulait l'amputer de la jambe droite. Il refusa net, des cousins l'enlevèrent et le ramenèrent au campement.

Suivirent des mois de calvaire.

– À quoi penses-tu ? demandait sa mère à l'infirme allongé, secoué par la fièvre.

– À ma main.

Ses plaies suppuraient malgré le saupoudrage quotidien d'épices diverses, nitrate d'argent et autres douceurs. Il fallut bien retourner voir les chirurgiens.

La main gauche sortit quasi morte de la table d'opération. L'annulaire et l'auriculaire étaient perdus, inertes à jamais, pétrifiés, recroquevillés sur la paume comme de pauvres petites serres inutiles. Le reste n'était que cicatrices, balafres, surfaces rougeâtres, plissements... une sorte de monstre en dessous du poignet. Mais Joseph, le frère musicien, s'y connaissait en légendes. Il savait que la seule façon d'apaiser les monstres est de leur offrir une belle en cadeau. Un dimanche, il n'arriva pas seul dans la salle commune du vieil hôpital Saint-Louis. Un grand paquet l'accompagnait, qu'il défit lentement. Django cria de bonheur. À dater de ce jour, la main gauche cessa de souffrir. Et toutes les blouses blanches, médecins, infirmières, kinés, rééducateurs, aumôniers, venaient assister, éberlués, aux progrès de cette passion entre trois doigts et une guitare.

– Ce n'est pas Dieu possible ! Cette main est celle du diable !

L'index et le majeur, les deux seuls survivants du brasier, couraient sur les cordes comme si des flammes les poursuivaient encore, ils glissaient, ils pinçaient, ils sautaient, ils s'ébrouaient, tout au bonheur d'être toujours vivants, ils chahutaient, bousculaient la guitare, se moquaient de ses langueurs, de ses pudeurs, allons, ma fille, allons, ma sœur, arrête de geindre, nous sommes faits pour la joie ! Quant au pouce, pas question pour lui de rester à sa place, il était bien décidé à participer à la fête. Soudain il surgissait de derrière le manche et picorait les notes. On aurait dit le bec d'un coq de combat, d'un oiseau forcené.

La guitare minaudait, s'offusquait, telle une comtesse au bal nègre caressée par un voyou tendre, et puis elle s'abandonnait, cédait à la main gauche qui savait si bien vous emporter en voyage, vous offrir des paysages, vous installer sur un nuage…

*Sur Django, le jeune homme lut tout ce qu'on peut lire. Pas plus insaisissable que ce coco-là. Incarnation même de la liberté.*

*Les grands du jazz, Duke Ellington, Coleman Hawkins, étaient devenus fous de sa main gauche magique. Toutes affaires cessantes, et quel que fût le prix, ils la voulaient dans leur orchestre. La main gauche promettait toujours, mais ne venait pas souvent. Il fallait la chercher de bar en bar, parfois des nuits entières.*

*Les vraies mains gauches sont ainsi. Avec les contraintes du quotidien elles ont coupé tous les liens.*

*Quelques années plus tard, un autre insaisissable allait surgir au firmament de la guitare, un pur rebelle, le roi des indociles.*

La pluie.

Tant bien que mal, recroquevillée sur la prairie, la foule immense se protégeait. À perte de vue palpitaient les couvertures dans la nuit, luisaient les plastiques sous les éclairs, s'envolaient les chapeaux. La foule attendait. Attendait que reprenne le concert. Attendait et s'enfonçait dans la boue. Une boue tiède qui, passé le premier mouvement de répulsion, épousait à merveille la forme des fesses, caressait doucement les jambes, s'insérait, amicale et chaude, entre les cuisses.

Enfermé dans sa voiture, coincé entre deux gaillards, l'un prénommé Mitch et l'autre Bill, un certain Jimi fumait, fenêtres grandes ouvertes malgré le déluge.

Un organisateur prit le micro :

– Si nous le voulons tous très fort, la pluie s'arrêtera. Le voulons-nous ?

– Nous le voulons ! cria la foule.

Mais la pluie continua. La pluie était comme la vie, têtue et cruelle et douce, indifférente comme elle. La pluie finirait bien par dissoudre la foule. Tous ces braves jeunes gens dégoûtés et dégouttants allaient s'en retourner chez eux. Fini, le grand concert, noyé. Manqué, le rendez-vous. Et Jimi resterait seul. Comme au tout début de sa vie, comme à la mort de sa mère.

*

* *

– Papa, quelle est la couleur de ma peau ?

J'ai onze ans. Je vis dans une banlieue américaine écrasée par les échangeurs. Quelle est la couleur d'un enfant qui vient de perdre sa mère ?

Mon père s'appelle James. Il est jardinier. Il parle peu. Mais, quand on l'interroge, il sait répondre.

– Désolé, fils. Tu es rouge et noir. Noir, à cause du nègre que je suis. Et rouge, à cause de l'Indienne Cherokee qu'était ta mère. Rouge et noire, ce n'est pas la peau la plus facile à traîner, dans ce pays. Désolé, il faudra faire avec.

Je m'appelle Jimi et mes doigts remuent. Ils ne savent pas se tenir tranquilles. Ils tapent toutes les surfaces possibles. Ils battent la mesure sur les murs, les tables, sur mon pupitre à l'école. Ils vivent leur vie, je n'y peux rien. J'ai beau leur dire : Arrêtez-vous, les doigts ! – ils n'entendent pas. Ils aiment par-dessus tout les manches : ceux des outils de mon père, pioches, pelles, bêches et balais...

Mon père ne sait pas seulement répondre, il sait regarder.

– J'ai vu tes doigts, fils. Ils vont se faire mal, à force. Le monde est dur, plus dur que le bout de tes doigts. Les tiens attendent, c'est sûr. C'est leur manière d'appeler, toute cette agitation. Alors je t'ai apporté quelque chose. Peut-être qu'ils attendaient ça ?

J'ai onze ans. De derrière son dos mon père vient de sortir une guitare, une grosse boîte brune garnie de cordes. Et mes doigts sont joyeux. Ils ont trouvé leur jardin, leur maison, leur promenade, la porte du monde, la manière de parler. Ils savent que, cette fois, l'Indienne Cherokee va m'entendre, malgré sa mort, malgré le vacarme des échangeurs.

James, le jardinier, hoche la tête. Il suit les doigts qui gambadent sur la guitare. Et hoche la tête. Il a des manières de timide, il faut le connaître pour lire du contentement sous son masque noir.

– C'est bien, fils. Quand on a la peau d'une mauvaise couleur, il faut des doigts qui dansent. Les doigts qui dansent fabriquent de la musique. Et dans la musique, la couleur de la peau n'a plus d'importance.

Dans le tiroir de la table, le père va chercher deux cuillères. Les cuillères sont la batterie, il sait produire tous les rythmes en les frappant l'une contre l'autre. Les échangeurs se taisent, ils ont compris qu'un événement important est en train de se produire à Seattle, État de Washington, sur la côte Pacifique.

Les échangeurs ne sont pas plus bêtes ni plus mauvais qu'autre chose. S'ils font tant de boucan, s'ils grondent si fort, c'est pour une simple raison : l'air des banlieues est vide, l'air des banlieues n'a rien à dire. Mais, pour une fois, ils tendent l'oreille, les échangeurs. Le père chantonne un thème. Les doigts du fils le retrouvent, le dénichent note après note dans la forêt des cordes. Le bonheur du père grandit. Son fils possède l'ouïe la plus intelligente, une oreille qui sait donner aux doigts les ordres qu'il faut. L'âme errante de la guitare vient de choisir sa nouvelle demeure : un enfant rouge et noir. Que regardent, éberlués, ses parents : un jardinier vivant, qui martyrise ses cuillères, et une maman cherokee morte, qui doucement applaudit.

Les échangeurs se taisent.

*

* *

La pluie tombait toujours, plus fine maintenant dans la nuit, plus douce, une bruine avait remplacé les averses torrentielles ; la foule s'en allait. Elle n'en pouvait plus de l'eau, plus de la boue, plus de ce silence après trois jours de folle musique. La scène vide, les tours hérissées de baffles se dressaient dans l'ombre comme les ruines d'une forteresse abandonnée.

La foule avait peur et s'en allait dans la gadoue, les enfants sur le dos, les fiancées soutenues ; elle quittait le champ, ses longues files sombres ruisselaient comme l'eau.

Je vais me retrouver seul, se dit Jimi, recroquevillé dans sa voiture. Seul, comme autrefois.

Et, tandis que continuait la pluie, cette maudite pluie convoyeuse de souvenirs, il revit ses débuts, les terribles années soixante, les troupeaux de vaches enragées, journées sinistres et nuits sordides, les motels à cinq dollars, les trajets en stop, les scènes minables, le public qui siffle ou s'en va, comme cette nuit, les patrons qui s'évanouissent au moment de payer, les partenaires qui changent chaque jour, les partenaires qui vous volent, les partenaires jaloux qui vous offrent gentiment un verre d'eau juste avant d'entrer en scène, mais l'eau est pleine de poudre : du poison, de l'acide, et l'on devient fou à peine a-t-on commencé de jouer...

Chienne de musique ! Elle n'était pas venue facilement. Il avait fallu la conquérir note par note, accord après accord. À croire que la musique venait de la galère. La galère t'entrait par la peau, par les yeux. Elle t'envahissait le crâne. Et là, sous les cheveux, sous les os, mystère, métamorphose. Les doigts s'agitaient sur le manche de la guitare. La galère s'était changée en musique. La galère, la peau, la tête, les doigts, la guitare, la musique : Jimi refit cent fois ce parcours maudit et magique, ce chemin qui commençait si mal et qui finissait par rendre si heureux. La musique était fille de la galère. La musique était la chanson de la galère. Il se souvint de la soirée minable qui lui avait donné la mélodie de *Stone Free*, de ce voyage épouvantable qui lui avait inspiré *Highway Chile*, l'enfant de l'autoroute :

*Yeah ! His guitar is strung across his back,*
*His dusty boots in his Cadillac.*
*I'm flamin' here, just blowin' in the wind,*
*Ain't seen a bed I'm so long a misdecent.*
*He left home when he was seventeen,*
*The rest of the world he is gonna see.*
*And ev'rybody they know his boss,*
*A rolling stone,*
*To gather its own moss.*
*Have you probably*
*Called him a tramp ?*
*But it goes a little deeper than that,*
*He is a ... highway chile.*
*Yeah !*

(Yeah ! Il porte sa guitare sur son dos
Et des boots pleins de poussière dans sa Cadillac.
Je brûle, emporté par le vent.
Je n'ai pas vu de lit depuis que je suis dans la misère.

Il a quitté la maison à dix-sept ans.
Il va découvrir le reste du monde.
Tout le monde sait que son seul patron
Est la pierre qui roule
Pour amasser sa propre mousse.
Vous l'avez sûrement traité de vagabond.
Mais il s'agit de bien autre chose.
C'est un enfant de l'autoroute.
Yeah !)

*
* *

Perdu dans ses rêves, bercé par ses souvenirs, Jimi n'a pas vu la nuit s'éclaircir, pas remarqué cette lueur blanche qui sape le ciel noir. Il n'a pas entendu s'éveiller une dernière fois le festival, pas reniflé l'odeur du café chaud, pas prêté attention aux sons qui, de nouveau, sortent des deux grandes tours à baffles. Il faut dire que le groupe de ce lundi matin-là est particulièrement pourri. Sha Na Na : une bande de zozos, mi-cosmonautes en combinaisons dorées, mi-marins marlous en tricots rayés, spectacle d'après-midi pour casinos d'arrière-saison.

On lui tape sur l'épaule.

– C'est l'heure.

Comme pour un condamné.

– C'est à toi.

– À moi ?

– Oui, à toi de finir.

– Finir ?

– Finir. Finir les trois jours. Finir le plus grand concert du monde, et à jamais. À toi, Jimi !

Et Jimi se déplie. Le voilà sur scène.

Devant lui, à perte de vue, ce qui fut un champ, une prairie verte au milieu de l'été, et qui n'est plus que boue. Et, tout près, à ses pieds, l'entourant, l'encerclant, l'enserrant comme des bras, trente mille fous demeurés, malgré le vent, la pluie, malgré leur envie dévorante de dormir, trente mille restés contre vents et marées pour l'entendre se battre avec la musique.

Ses amis se sont reculés. Mitch (Mitchell) et Bill (Cose). Juma Edwards, le percussionniste, on dirait un enfant timide, emprunté. Les Ghetto Fighters, des durs pourtant, n'osent s'avancer. Ils attendent. Comme tout le monde. Ils attendent le duel.

Jimi est seul. Il a vingt-sept ans et encore treize mois à vivre. Il s'avance, enveloppé dans sa légende, revêtu de ses oripeaux grandioses. Dans ses cheveux, un bandeau framboise. Aux oreilles, des pièces de nacre. Collier d'or et médaillon d'opale. Blouson de cuir blanc à longues franges ouvertes sur la peau. Jean retenu par une ceinture de perles émeraude. L'arme est ivoire, le chef-d'œuvre de Leo Fender, une *strato-caster* à long manche de bois clair. Une large bretelle multicolore – rouge, jaune, noir, blanc – l'attache au cou de Jimi.

*Star Spangled Banner* : la foule entend, sans y croire, les premières notes de l'hymne national. On se regarde. Quelle démence se prépare ? Jimi est capable de tout. Mais s'attaquer au symbole de l'Amérique ? Que peut une guitare contre la première puissance du monde ?

Jimi frappe sa *strato.* Un jour il l'éventrera, à tant secouer la manette du vibrato. Il va même la mordre. Oui, à force de trouver ses doigts trop mous, il jouera avec ses dents. Sans peur, la *strato-caster* monte à l'assaut. Elle entraîne l'hymne hors de lui-même, elle le tord, elle le vrille, elle l'essore. Tout de suite, on dirait qu'il demande grâce. Mais Jimi est sans pitié. Avec son pâle sourire, il est venu à Woodstock pour forcer, pour casser, pour déchirer la bannière étoilée. Il veut montrer l'envers du décor, les coulisses, les horreurs derrière les nobles et paisibles façades. Il ne lâche pas l'hymne, il le presse, le menace, et l'hymne finit par craquer, il avoue. Avoue les bombes sur le Vietnam, le napalm sur les villages. Les doigts bagués de Jimi ont du mal à suivre la confession. Ses doigts supplient : moins vite, moins fort ! Nous ne pouvons pas tout retenir ! Mais les vannes sont ouvertes, l'aveu est lancé. Poussée à bout, l'Amérique a baissé ses masques. Elle miaule, elle hurle.

Jamais avant lui et jamais après la guitare ne saura ainsi traduire la folie du monde. Qui a parlé de la douceur de la musique ? À peine ébauchée, lancée sur les rails, la mélodie est détournée, torturée, piétinée.

Mitch et Bill l'ont laissé seul dans son duel à mort. Appuyé sur ses tambours, Juma Edwards regarde le combat, fasciné, terrifié.

Jimi s'arrête.

Le monde n'est plus que ruines fumantes. À terre, le drapeau américain hoquette, tressaute, touché au plus profond. Un instant, Woodstock se tait, retient son souffle. On entend siffloter les oiseaux, piailler les enfants. C'est le silence humain d'après le combat, le silence qui sert à ramasser les morts. Jimi est encore vivant. Plus pour longtemps. De tels combats contre bien plus fort que soi laissent d'irrémédiables blessures. Des hémorragies invisibles au fond de soi, des lacs rouges qui s'étendent et finissent par noyer. Les bravos qui montent n'y pourront rien, ni la ferveur.

Treize mois plus tard, à Londres, mourut le chevalier aux oripeaux multicolores et à la triste figure noire et rouge, le Don Quichotte de la guitare.

*Personne.*

*Le jeune homme était passé chez le luthier pour lui raconter ses derniers voyages. Avez-vous entendu parler de Jimi ? Que connaissez-vous des* strato-caster *en plastique ? Les frontières sont-elles étanches entre la musique classique, le rock, le folklore, les chansons, ou la guitare est-elle une seule et même famille ?*

*Telles étaient les questions qui hantaient le jeune homme.*

*Mais personne n'était là pour y répondre. Violons et mandolines habituels pendaient, accrochés par les mécaniques aux vieilles poutres du plafond. D'autres dormaient, allongés sur des étagères, en compagnie d'un violoncelle. Seuls au monde.*

*Une guitare se reposait dans son étui. Elle venait d'être soignée. Une feuille de papier, une facture calligraphiée, accrochée à son manche, indiquait les réparations faites :* passer vernis au tampon en couche de finition, après ponçage léger de la table et réglage hauteur du chevalet.

*Le jeune homme ouvrit avec précaution l'étui, il en sortit l'instrument.*

*Comment résister ? C'était une Ignacio Fleta (Barcelone, 1979) !*

*L'une des plus belles guitares qui soient. Prendre une telle merveille dans ses bras, l'occasion ne se représenterait pas de sitôt.*

*Et le jeune homme osa. Il osa poser son majeur et son annulaire gauches sur les cordes basses. Il osa faire sonner en arpège avec le pouce de la main droite cet accord beau et grave, le Mi mineur, chaque corde l'une après l'autre et doucement pour goûter les saveurs complexes, longues et puissantes de la Fleta.*

*Soudain, tout en s'appliquant, langue pointée entre les dents, un très ancien mot lui revint en mémoire :* outrecuidance. *Voilà ce que je suis, un outrecuidant, un petit jeune homme « envahi par une estime exagérée de soi ».*

*Il arrêta net. Releva les yeux. Il était là, le luthier, à le considérer.*

*– On a progressé. Bien sûr, tout le chemin reste à faire. Mais c'est bien, on avance en direction de la musique.*

*Et, sans prêter attention aux excuses du jeune homme – « oh, pardon », « je ne lui ai pas fait mal », « regardez vous-même, je la remets à sa place » –, il poursuivit :*

*– Bon. Puisque tu as l'air d'aimer, d'aimer vraiment, je te confie un secret. Chaque 22 novembre, pour la Sainte-Cécile, patronne de la musique, les guitaristes, tous les vrais guitaristes se réunissent dans l'île de Cuba.*

*– Pourquoi une île ?*

*– Parce que les îles voyagent, comme les guitares.*

*– Et pourquoi Cuba ?*

*– Parce que là-bas se trouvent rassemblées toutes les musiques du monde, l'américaine et l'africaine, l'européenne et l'indienne, la chi-*

*noise, la juive… Cuba, c'est l'arche de Noé des mélodies et des rythmes.*

*– Mais sur Cuba règne un dictateur !*

*– Et alors ? Que veux-tu qu'il fasse contre la musique ? Les mots, il peut les brûler et emprisonner ceux qui les écrivent. Mais les notes ? Les notes, c'est du vent. Tu as déjà vu quelqu'un mettre en cage le vent ? Bon voyage !*

Une église abandonnée dans la vieille Havane, non loin du couvent de Santa Clara (intersection des rues Muralla et Compostella).

À peine le très jeune homme eut-il frappé, suivant les indications du luthier, à une porte latérale, qu'une main lui agrippa le bras tandis qu'une voix éraillée lui postillonnait dans l'oreille :

– Enfin ! Tu en as mis du temps !

– Mais je me suis perdu !

– Silence. C'est par ici. La rencontre a commencé.

Par miracle, aucune marche de l'escalier de bois ne craqua. Il déboucha face aux grandes orgues, ou à ce qu'il en restait : un rideau de tuyaux plus rouillés qu'une carcasse de bateau abandonnée sur une plage. À gauche, une petite tribune déjà pleine : rien que des adolescents, comme lui, venus, d'après les visages, des quatre coins de la planète. Ils ne lui prêtèrent pas la moindre attention. Ils regardaient trop passionnément l'étrange cérémonie qui se déroulait plus bas. Il gagna la dernière place libre.

Deux hommes jouaient. Drôle de duo, par quelle magie réuni ? Comment accepter de voir ensemble le signor Corbetta, le professeur de Louis XIV, tout enrubanné dans son costume de cour, et l'Indien argentin Yupanqui, l'héritier de la douleur inca ?

Corbetta, tout raide et le sourcil froncé, réprobateur, accompagnait Yupanqui en tenant à distance sa petite guitare comme une inconnue.

Ils finissaient de jouer la *Danse du maïs mûr* (*Danza del Maïs Maduro*).

Le silence, l'émotion étreignirent l'assistance après le dernier accord. Yupanqui (un petit homme trapu au visage d'aigle, en pull-over gris, cravate noire et mocassins américains) annonça la suite du concert tout en réaccordant avec beaucoup d'élégance et de gravité les basses de son instrument.

– C'était un dimanche à Tucumán, expliqua-t-il dans une langue rauque et chaude, et le jour finissait. D'un vieil arbre parvenaient les gémissements d'une colombe qui appelait son compagnon. C'est devenu la *Danse de la colombe amoureuse.*

En voyant Yupanqui reprendre sa guitare ou plutôt se pencher sur elle pour l'envelopper avec tendresse, Corbetta tapa sèchement du pied sur l'estrade et se leva comme un ressort en murmurant :

– Indécent !

Et partit bouder ostensiblement au pied de l'orgue rouillé.

Une agitation parcourut comme une vague les policiers et soldats qui montaient la garde, l'air farouche. On entendit des bruits de moteurs : sûrement des camions militaires. Le dictateur avait dû donner l'ordre d'arrêter tout le monde. Le jeune homme n'en menait pas large. L'idée même de la prison lui faisait horreur, comme à tous les voyageurs.

Sur la droite, près du confessionnal, les trois silhouettes qui dormaient sur leur manteau se redressèrent, tenant chacune sa guitare à la main : le docteur Amat, celui qui avait sauvé Barcelone de la mélancolie, le nomade perse qu'avait tant souhaité retenir le pharaon et un drôle d'être humain, noir de peau et blond presque blanc de chevelure. Celui-là, le jeune homme ne l'avait jamais rencontré. Une affiche lui revint en mémoire, collée contre le mur du boulevard Blanqui (Paris treizième). Ne s'agissait-il pas de Salif Keita, le Malien, fils de prince, l'incomparable mélodiste ?

Les portes s'ouvrirent à toute volée.

Jimi Hendrix entra, tenant le bras d'Eric Clapton auquel il parlait à l'oreille (à voir leurs têtes dévastées, ils devaient se confier de terribles secrets).

Derrière eux, quatre voitures : un cabriolet Buick Roadmaster noir, une Chevrolet Bel Air coupé, une Mercury et une Ford Customline qui avait dû être verte. Django et sa bande, une bonne dizaine de gaillards solides, noirs et bouclés, bagués à tous les doigts, s'en éjectèrent, brandissant leurs guitares comme des cimeterres.

Comment allaient-ils s'entendre avec les Brésiliens, chuchoteurs de bossa-nova, de mélopées douces comme du lait d'amande ?

Un homme rond et débonnaire allait de l'un à l'autre, comme une maîtresse de maison. Le cheveu en bataille, un costume débraillé, fumant en souriant un énorme Cohiba, il marmonnait en embrassant tout le monde :

– Putain, quel bonheur ! Comme je suis heureux ! Vous ne m'avez pas reconnu ? Mais voyons, je suis Heitor Villa Lobos, *meu filho*, le Brésilien. J'ai fugué très tôt de la maison pour faire de la musique avec les gens que je rencontrais un peu partout dans mon immense pays. Un violon ou une clarinette, une guitare ou une casserole : on improvisait toute la nuit...

Il appelait ses amis : Baden, où es-tu ? Et Segovia ? Quelqu'un a vu Segovia ? Il se faufilait, heureux, parmi les petits groupes de musiciens. Presque tout le monde le connaissait. Il posait une main sur une épaule, chuchotant à certains des confidences, moquant ceux qui parlaient solfège trop sérieusement, embrassant tous les autres.

– Putain, quel bonheur ! Quelle belle nuit, *meu filho* ! disait-il.

On ne raconte pas l'amitié, encore moins la musique.

Présentations, poignées de main, souvenirs : la musique est l'alliée des débuts et des souvenirs. Comme la lumière éteinte pour faire l'amour, la première fois, entre timides. Pas besoin de trop de mots, de gestes ni même de sourires. Il suffit d'une note, d'un accord ; un autre répond, tout se noue, tout s'entrelace. Une guitare, neuf guitares, combien faut-il de guitares pour raconter l'histoire du monde ?

Villa Lobos continuait son bavardage, intarissable :

– Il y a des Français ? C'est à Paris que je suis venu apprendre à composer. On avait embarqué sur un paquebot à Santos. Mindinha, ma femme adorée, m'accompagnait. Quel beau voyage ! J'ai écrit là-bas une foule de pièces. Un concerto, douze études. J'ai même perdu le manuscrit d'un sixième prélude, bêtement, dans un déménagement, place Saint-Michel, près de la Schola Cantorum !

Le Cohiba s'était éteint. Heitor s'arrêta, fit craquer une allumette et ralluma longuement son cigare.

Il avait pris le jeune homme par le bras. Il se remit à marcher :

– Tu vois, je n'ai pas cessé de me nourrir de voyages. Tu ne peux imaginer la quantité de chants et de danses qui s'offrent à toi quand tu te promènes dans l'intérieur du Brésil. Le classique et le moderne, le savant et le populaire : ma musique est le plus grand des mélanges !

Il sourit à nouveau.

– Beaucoup de compositeurs, parmi les plus géniaux, adoraient la guitare, ils disaient que c'était le plus beau, le plus humain des instruments... Mais, curieusement, ils sont morts sans avoir écrit pour elle ! Moi, je ne pouvais pas oublier la guitare : elle était si présente dans ma mémoire ! Je suis son Chopin, son Scarlatti ! J'ai voulu la traiter aussi bien qu'un piano !

Il se pencha vers le jeune homme en montrant du menton Corbetta toujours boudeur, figé comme une statue.

– On ne connaît pas ces façons grand siècle, au Brésil. Mais nous avons nos originaux. Par exemple Joaõ Gilberto, celui qui bégaie de la main droite, tu sais bien, il plaque ses accords toujours un peu avant ou un peu après la ligne mélodique, il est insupportable : je suis passé à son hôtel, j'ai vu ses chaussures noires dans le couloir, mais pas moyen de le décider à venir. C'est trop humide, dit-il, trop de monde, trop de bruit, ma guitare en sera désaccordée, etc. Il préfère regarder un match de boxe à la télé en buvant un Coca-Cola tiède. *Meu Deus* ! Et Segovia, notre Espagnol, tu verras, il va arriver comme un roi après avoir présenté ses hommages aux autorités. Les dictateurs ne l'ont jamais dérangé…

Soudain, Villa Lobos se tut. Qui ou quoi avait réussi à stopper le flot de paroles ? Le jeune homme suivit le regard du Brésilien. Ses yeux, comme aimantés, ne quittaient plus une drôle de planche bleue posée sur une chaise. On aurait dit l'aile d'un papillon géant. Un papillon qui aurait eu des ouïes de violon.

– Qu'est-ce que c'est que ça ?

Le jeune homme n'osait pas répondre. Le célèbre compositeur n'allait-il pas se mettre en colère, hurler contre la décadence des temps modernes ?

– C'est… une guitare. Pardonnez-moi, j'aurais dû vous prévenir. Aujourd'hui, les guitares ont toutes les formes possibles.

– Magnifique, magnifique ! Je vais l'essayer !

*

* *

Après quelques instants d'étonnement (étaient-ce bien des guitares, ces gros haricots hérissés de boutons et de manettes ?), les instruments étaient passés de main en main.

Le docteur Amat, l'homme de Barcelone, ne quittait plus sa Gibson Firebird. Avec des mines de pucelle, il découvrait les capacités de l'électricité, la puissance d'un baffle, le sourd tonnerre des bancs. Plus loin, un Péruvien tout chétif avait laissé tomber son *charengo* pour une *strato-caster*. Il sursautait à chaque note qu'il produisait, comme s'il marchait chaque fois sur la queue d'un dragon.

Dans un coin, assis sur une caisse, Clapton apprenait le blues à une Robert Bouchet de 1953. Il lui parlait doucement du Mississippi. Elle se faisait toute chaude sous ses doigts. Un jeune gitan, neveu de Django, s'était saisi d'un bijou du XVII$^{e}$ et, loin des regards moqueurs de sa famille, caressait, de ses ongles noirs de cambouis, les éclats de nacre, la délicate marqueterie de palissandre.

*
* *

D'abord rien qu'un bruissement, quelque part, vers l'horizon. Progressivement mué en grondement. Pour finir en tonnerre. Tout le monde sortit en courant. Juste le temps d'apercevoir un hélicoptère rose.

– Mille excuses pour le retard, s'exclama George Harrison, le premier à descendre, épaules courbées sous les pales. Mais nous avons dû faire un détour pour aller chercher quelqu'un de très cher. Il nous avait quittés. Et il n'habite pas près.

On vit apparaître Paul et Ringo et, l'instant d'après, John Lennon, plus asiatique que jamais, tunique ras du cou et petites lunettes rondes de mandarin malicieux.

C'était lui, l'habitant lointain que les trois autres avaient mis si longtemps à retrouver.

Ils semblaient tout joyeux d'être à nouveau quatre. Leurs cheveux avaient blanchi. C'était l'unique signe de leur âge. Pour tout le reste, ils avaient vingt ans. Ils se bourraient le dos de coups de poing, en adolescents qu'ils étaient redevenus grâce à l'hélicoptère rose.

Et c'est avec l'insolence de l'adolescence qu'ils commencèrent à jouer sans s'occuper des autres. La gaieté ne se pose pas de questions de préséance : elle prend sa guitare et joue.

Et c'est ainsi que *Lucy in the Sky* résonna dans la vieille église cubaine.

D'abord éberlués, renfrognés (« Nous ne sommes pas venus jusqu'ici pour nous faire imposer une rengaine anglaise »), les guitaristes des autres siècles entrèrent un à un dans la danse, gagnés par la joie de vivre du quatuor à cheveux blancs.

Le premier à les rejoindre fut le docteur Amat. Comme l'on sait, le bonheur était sa spécialité. Il se leva et, de sa place, continua la petite mélodie de Liverpool.

Bienvenue, docteur !, bienvenue chez Lucy, vous avez montré l'exemple, qui va vous suivre ? Les quatre n'utilisaient l'électricité qu'au minimum, ils jouaient le plus doucement possible, bien respectueux pour des voyous, donnant leur chance à tous : pas question, ce soir, de se battre à coups de décibels !

Le docteur avait fini son parcours et se rassit. Django le relaya. Salut de la main, bonjour, mes vieux camarades ! Lucy avait pris la route, Lucy racontait des histoires de tziganes...

*

* *

– Viens, Eric, viens avec nous.

Le quatuor l'appelait.

– Allez, viens vite, depuis le temps qu'on voulait jouer avec toi.

Clapton salua d'abord Lucy, quatre, cinq notes d'hommage, quelques mesures – *in the sky with diamonds*. Puis ses doigts qui savent tout traduire, la moindre émotion, la plus fragile, la plus éphémère, comme les peintres capturent les nuages, ses doigts remontèrent en enfance et entamèrent le refrain bien connu, on éteint la lumière, un gâteau s'approche, *happy birthday*, d'abord tout bas, pour lui seul, puis repris par ses voisins Harrison et Lennon : *Happy birthday* ! Bientôt rejoints par tous les autres : Keita et Baden, Jimi et Corbetta, John Williams et son ami, sir Julian Bream, Sabicas le vieil Espagnol, Mac Laughlin, Ida Presti et Alexandre Lagoya, Fernando Sor, Antonio Lauro, Augustin Barrios Mangoré, le Paragayen, torse nu et, à son habitude, déguisé en Indien, Paco de Lucia...

La guitare est une famille immense. De tous les coins du monde et de tous les âges étaient arrivés – allez savoir comment – Frank Zappa, John Lee Hooker, Robert Johnson, Henri Salvador, le Français de Guyane, Dick Annegarn, le fils de banquier, Pat Metheny, John Abercrombie...

Nous nous regardions, nous les spectateurs, les débutants dans l'art de la guitare. De plus en plus gênés, comme des gens qui se retrouvent dans un endroit où nul ne les a invités.

– Et si c'était l'anniversaire de la Musique en personne ? chuchota quelqu'un.

– Alors, c'est une fête de famille, il vaut mieux laisser les musiciens entre eux.

Policiers et soldats s'étaient mis à danser.

Un à un, nous nous levâmes. Prenant bien garde à ne pas faire craquer le plancher. Nous saluâmes, en passant, les grandes orgues rouillées.

Et c'est ainsi que je quittai Cuba, mon île, jurant de n'y revenir qu'une fois digne de la musique.

Achevé d'imprimer en mars 2004
sur presse Cameron
dans les ateliers de
**Bussière Camedan Imprimeries**
à Saint-Amand-Montrond (Cher)
pour le compte de la librairie Arthème Fayard
75, rue des Saints-Pères - 75006 Paris

*Cet ouvrage a été composé par*
*Paris PhotoComposition*
*75017 Paris*

35-33-2058-2/01

ISBN 2-213-61858-5

Dépôt légal : avril 2004.
N° d'édition : 41506. – N° d'impression : 041307/1.

*Imprimé en France*